'기독교는 경전의 종교'라는 점에서 볼 때, 그리스도인에게 '읽기, 생각하기, 쓰기'는 신앙의 성숙과 교양의 함양 모두를 위해 꼭 필요한 활동이다. 「곤고한 날에는 생각하라」는 그리스도인으로서 어떤 책을 읽고, 저자와 어떻게 생각을 나누고, 그것을 왜 자신의 글로 표현해야 하는지를 생기 있는 필체로 직접 증명해 보여 주는 좋은 안내서다. 이 책은 기독교 역사뿐 아니라 인류의 삶에 큰 영향을 남긴 열다섯 권의 선별된 고전에 대한 밀도 있으면서도 친절한 서평으로 구성되어 있어, 이제 막 인문학 공부를 시작하는 사람과 많은 독서로 내공을 쌓아 올린 사람 모두에게 매우 유익하다. 상식과 교양과 소통이 어느 때보다 중요한 덕목이 된 현대 사회에서, 성경과 더불어 인문 고전을 읽을 때, 우리의 신앙과 삶이 얼마나 풍성하고 맛깔나게 변하는지를 이 책을 통해 직접 경험해 보기를 바란다.

김진혁_ 횃불트리니티신학대학원대학교 조직신학 부교수, 「순전한 그리스도인」(IVP) 저자

남의 생각을 내 생각인양 말하는 부정직한 사람들과, 남의 생각에 포로 되어 바쁜 전달자로만 그치는 사람들의 텍스트가 넘쳐 나는 오늘날, 오랜만에 참으로 정직하고 치열한 책을 접한다. 김기현 목사의 '텍스트 읽기' 방식에는 곤고한 날을 직면한 세 주체가, 그리고 그들의 텍스트와 콘텍스트가 직조하듯 엮여 함께 들어 있다. 자신의 곤고한 날을 깊이 생각한 고전의 저자와, 그 텍스트를 씨름하듯 읽어 낸 이 책의 저자, 그리고 지금 우리가 겪는 곤고함을 읽어 내고 의미화하려 하루하루 치열하게 생각하는 독자의 만남이……

백소영_ 강남대학교 기독교학과 교수, 「페미니즘과 기독교의 맥락들」(뉴스앤조이) 저자

'읽는 인간 김기현의 쓰기'로 다가오는 책이다. 이처럼 열심히 읽고 쓰는 목회자는 보기 드물다. 나아가 책을 읽다 보면, 독자를 수단으로 삼기보다 쓰는 과정 자체를 즐기는 분으로 다가오기에 그 글에 담긴 힘이 느껴진다. 언제부턴가 사회, 그리고 교회에도 인문학에 대한 관심이 증대되기 시작했다. 이 역시 사회 변화의 메시지겠지만, 그러함에도 인문학에 대한 교회의 접근은 여전히 미숙하다. 물론 교회가 이에 관심을 갖게 된 것 자체로도 고무적이나, 여전히 유행이자 수단화에 그친다. 그러나

저자는 이 책을 통해 인문학이 한 그리스도인, 나아가 목회자적 소양에 반드시 필요한 것임을 역설하며 글을 정리한다. 특별히 제목은 한 번쯤 들어봤을 법한 고전들을 잘 씹고 소화한 글을 내어 놓으며, 기독교적 통찰은 남기고 인문학에 대한 벽은 무너뜨린다. 그렇게 귀한 통찰을 얻고 고전에 대한 부담감을 덜어서 오히려 더 보고 싶게 만드는 것이 이 책의 큰 유익이며, 더불어 '이제 나도 이 정도 책 좀 안다'는 지적 부심은 덤으로 얻을 수 있다. 이 바쁜 시대에 거인을 따라갈 수 없다면, 내민 거인의 어깨 위에 올라타는 것도 지혜일 것이다. 펴서 보라.

손성찬_ 이음숲교회 담임목사,「묻다 믿다 하다」(죠이북스) 저자

오늘날 많은 그리스도인이 '인문학'에 대해 염려와 의심의 눈초리를 보내는 것으로 보인다. 그러나 저자가 인용하고 말한 대로 하나님을 아는 것과 인간을 아는 것은 기독교 지식의 양 축이며, 아우구스티누스에서 칼뱅에 이르는 여러 위대한 신학자들은 '하나님 나라'뿐 아니라 '인문 공화국'의 시민이었다. 이 책은 한 신학자가 성서와 인문 고전을 씨줄과 날줄 삼아 일생을 통해 직조해 온 치열한 사유와 실천의 기록인 동시에, 한 애서가가 자신이 접해 온 텍스트와 함께 어떻게 성장해 왔는지 보여 주는 훌륭한 독서론이다. 이 책에 대한 나의 결론은 하나다. "당장 서점에 달려가서 이 책을 사라. 그리고 들어 읽으라(*Tolle Lege*)!"

정한욱_ 국제실명구호단체(사)비전케어 이사, 우리안과 원장

누구나 마음 한구석에는 고전에 대한 부채 의식이 존재한다. 박사 학위를 받은 학자도 예외는 아니다. 무겁거나 엄숙하지 않지만 따뜻하고 강렬한 동기 부여를 통해, 곤경에 처한 시간을 통과하는 지금 다시금 인문 고전에 도전할 수 있게 해주는 최적의 길라잡이가 등장했다. 좋은 길라잡이는 목표물을 대체하려 하지 않는다. 단숨에 읽히는 이 책은 결국 다시 인문 고전이라는 책을 잡게 할 것이다.

조영헌_ 고려대 역사교육과 교수,「대운하시대 1415-1784: 중국은 왜 해양 진출을 '주저'했는가?」(민음사) 저자

이 소중한 책이 나를 읽어 버렸다. 인문학자로서 인문 고전의 가치를 간결하고도 쉽게 설명하면서, 신학자로서 성경을 통해 고전의 한계를 완성해 나가는 탁월한 전개에 감탄과 존경이 절로 터져 나온다. 글 사이사이에 놓인 아버지에 대한 그리움, 대학 시절 치열했던 삶에 대한 회상, "그놈 참"이라는 표현으로 드러낸 용서하기의 어려움, 위기 청소년들에 대한 깊은 연민 등 저자의 삶의 흔적은 이 책의 화룡점정이다. 읽지 않으면 후회하실지도 모르겠다.

천종호_ 부산지방법원 부장판사, 「천종호 판사의 선, 정의, 법」(두란노) 저자

곤고한 날에는 생각하라

(주)죠이북스는 그리스도를 대신한 사신으로
문서를 통한 지상 명령 성취와 하나님 나라 확장을 위해 노력합니다.

곤고한 날에는 생각하라
Copyright © 2021 김기현

이 책의 저작권은 저자와 (주)죠이북스에 있습니다. 신 저작권법에 의하여 한국 내에서 보호받는 저작물이므로 무단 전재와 무단 복제를 금합니다.

곤고한 날에는 생각하라

한 신학자의 인문 고전 읽기

김기현 지음

죠이북스

차례

서문_ 읽는다는 것, 그 사랑의 만남 ◆ 11

1장 생각한다는 것 ◆ 26
    _ 한나 아렌트의 「예루살렘의 아이히만」 읽기

2장 읽는다는 것 ◆ 38
    _ 성 아우구스티누스의 「그리스도교 교양」 읽기

3장 인문학을 한다는 것 ◆ 52
    _ 얼 쇼리스의 「희망의 인문학」 읽기

4장 경건하다는 것 ◆ 65
    _ 플라톤의 「에우튀프론」 읽기

5장 종교를 가진다는 것 ◆ 78
    _ 칼 마르크스의 「헤겔 법철학 비판 서문」 읽기

6장 정치에 참여한다는 것 ◆ 92
    _ 헨리 데이비드 소로의 「시민 불복종」 읽기

7장 리더가 된다는 것 ◆ 106
    _ 마키아벨리의 「군주론」 읽기

8장 복종한다는 것 ◆ 123
    _ 스탠리 밀그램의 「권위에 대한 복종」 읽기

9장 사랑한다는 것 • 137
_ 공자의 「논어」 읽기

10장 쉰다는 것 • 150
_ 폴 라파르그의 「게으를 수 있는 권리」 읽기

11장 죽는다는 것 • 165
_ 엘리자베스 퀴블러 로스의 「죽음과 죽어 감」 읽기

12장 믿는다는 것 • 181
_ 키르케고르의 「공포와 전율」 읽기

13장 의심한다는 것 • 197
_ 데카르트의 「방법서설」 읽기

14장 희생한다는 것 • 210
_ 「심청전」 읽기

15장 용서한다는 것 • 225
_ 자크 데리다의 「용서하다」 읽기

저자 후기 • 242

· 본문에 인용된 글 중 저서명 없이 페이지만 표기된 경우는 각 장의 대표 도서에서 인용한 것입니다.

서문

읽는다는 것, 그 사랑의 만남

읽지 않으니

"도무지 무슨 말인지 모르겠어요."

"왜요, 목사님?"

"저도 그렇지만 교우들이 목사님들 설교를 도통 못 알아듣겠대요. 자신의 신학적 확신도 강하고, 스스로 설교를 잘한다는 생각에 빠져서 말만 하면 되는 줄 안다니까요."

"목사님이 보시기에는 왜 그런 것 같아요?"

"읽기, 생각하기, 말하기, 쓰기가 안 되어서 그런 것 같습니다. 특히 읽기요."

"설교 쓰기 워크숍"을 진행하고 있다. 이미 책을 여러 권 출간한 목사님이 부목사님들과 함께 스터디도 하고 설교도 코칭해 주는데, 그들의 설교가 청중에게 들리지 않는 궁극의 이유를 '읽기'의 부족에서 찾는다. 읽지 않으니 생각이 없고, 생각이 없으니 말이 안 되는 것은 당연지사. 글은 더 말해 무엇 할까.

독서 능력이 떨어져서 학습이 되지 않는다는 말을 초중고 교사는 물론이고 대학교수들에게서도 심심찮게 듣는다. 교수가 무슨 말을 하는지 영 알아듣지 못한다며 한숨을 푹푹 쉰다. 문맹률은 최저다. 우리 국민 절대다수가 글자를 읽는 데 별 어려움이 없다. 허나, 문해력도 최저다. '문해력'이 OECD 국가 중 최하위라는 보고서도 있었다. 그때가 2001년이었으니 지금은 좀 개선되었다.

허나, 그리 많이 달라지지 않은 듯싶다. 어느 목사님의 일화다. "기독 청년의 정체성"이라는 강의를 요청받고 열강을 마친 후, 질문을 받았다. 한 청년이 묻더란다. "목사님, '정체성'이 뭐예요?" 그 단어를 아예 모른 거다. 강사는 '내가 무슨 강의를 한 거지?'라는 자괴감에 빠지고, 청중은 '강사가 무슨 말을 하고 있지?'라는 당혹감에 사로잡힌다.

그렇다면, 읽기 능력의 저하가 왜 문제일까? 읽기와 신앙의 상관관계는 없을까? 문해력 저하가 사실이라면, 기독교인의 성경 독해 능력도 떨어지지 않았을까? 성경을 읽고도 이해하지 못한다면, 역으로 성경을 내 구미에 맞게, 내 욕망을 덧씌워 읽을 공산이 크다. 하여, 묻는다. 읽느뇨? 읽는 것을 깨닫느뇨?(행 8:30)

서문. 읽는다는 것, 그 사랑의 만남

읽기 = 만남 = 신학

읽기와 신학은 엄연히 별개의 범주에 속한다. 그러나 둘을 공통분모로 묶는 키워드가 있으니 바로 '만남'이다. 읽기도 만남이고 신학도 만남이기에 읽기와 신학은 만남이라는 단어를 통해 엮인다.

읽기가 왜 만남일까? 읽기 또는 독서에 관한 비유로는 광산의 광맥을 캐는 것, 길을 걷는 것, 낯선 곳으로의 여행 혹은 여정 등 참 많다. 그중에서도 여행과 긴밀하게 맞닿아 있는 단어가 '만남'이다. 낯선 곳에서 낯선 사람, 낯선 세계와 낯선 만남이 일어나는 것이 여행일 테니까. 나 아닌 남, 나 아닌 것과의 조우가 인생이기도 하니까. 하여, 읽기는 만남이다.

신학은 왜 만남일까? 이건 너무 쉽다. 하나님과의 만남이 신학과 신앙이니까. 신과의 만남, 나와의 만남, 너와의 만남이 신학의 요체다. 칼뱅(John Calvin)의 「기독교 강요」(Institutes of the Christian Religion) 첫 문장은 시편처럼 암송해야 마땅하다. 이 세상에는 두 가지 지식이 있다. 하나는 하나님을 아는 것, 다른 하나는 인간 자신을 아는 것이다. 이 둘은 구분될지언정 절대로 분리되지 않으며, 어느 하나가 없으면 다른 하나도 없다. 하나님을 만나야 사람을 알고, 세상을 읽을수록 창조주 하나님께 가까이 간다.

때문에, 우리는 성경과 함께 인문학부터 사회 과학과 자연 과학을 망라하는 독서를 한다. 그리스도인이 자신을 일컬어 "그 책의 사람들"이라고 할 때, "그 책"은 성경이다. 그러나 성경이 아닌 여러 분야의 독서에 시간을 빼앗기는 것을 아까워하지 않아야 한다.

가끔 신학교 졸업생들에게 물어본다. 졸업할 때까지 고대 교부의 문헌이나 루터와 칼뱅, 슐라이어마허나 바르트, 니버의 번역된 책이라도 읽어 본 적이 있는지, 읽었다면 몇 권이나 읽었는지. 한 권도 없다고 답하는 이도 적지 않다. 설사 읽었어도 달랑 한두 권 정도. 그러고도 해설서만 읽어댄다. 읽지 않은 학생을 나무라야 하나, 가르치지 않은 교수들을 탓해야 하나?

C. S. 루이스(Lewis)는 고전을 멀리하고 신간을 선호하는 잘못된 태도가 가장 무성한 한 곳을 지목한다. 바로 신학 동네다. 나는 여기에 보탤 말이 있다. 경건 서적만 읽고 두꺼운 책은 꺼리며, 자기 계발서는 가까이하고 인문, 사회, 자연 과학은 멀리하는 태도가 만연한 곳이 신학 동네라고.

목회자들이 쓰는 용어는 일반인이 알아듣지 못하는, 그야말로 우리끼리 통하는 말일 때가 많다. 소통이 힘들다. 편중된 독서도 중요한 이유 중 하나이지 싶다. 아예 읽지 않으니, 아니, 읽어도 기독교 경계 밖의 것은 읽지 않으니 세상과의 대화가 어렵다.

성 아우구스티누스(St. Augustinus)는 「그리스도교 교양」(De Doctrina Christiana)에서 성경을 연구하기 위해서라도 언어와 함께 다양한 학문을 공부하라고 권한다. 그것들이 우리의 지성을 단련시키고 확장해 주기 때문이다. 궁극적으로는 성경과 하나님에 대한 우리의 제한된 시야를 툭 틔워 주기 때문이다. 물론, 그는 점성술과 미신적인 제도를 경멸했다. 대신, 역사학, 지리학, 동식물학, 천문학, 변증술과 논리학, 수사학 등은 부지런히 탐구할 것을 주문한다.

아우구스티누스와 루이스가 왜 위대한 지성인지를 이 대목에서 알게 된다. 위대한 종교 개혁자들은 하나같이 인문주의자였다. 경전과 고전을 같이 읽었다. '하나님 사랑, 이웃 사랑'이라는 계명은 우리가 읽어야 할 것도 지시해 준다. 어느 하나에 소홀함은 다른 하나를 만홀히 여김과 같다. 십자가에 어찌 세로 막대만 있겠는가. 가로 막대 없이는 홀로 설 수 없다. 둘이 합하여 하나다. 그 둘은 포개져야 한다. 균형 잡힌 읽기를 해야 할 이유다.

책 읽기 = 신 읽기

그러면 무엇을 읽어야 할까? 칼뱅이 말했듯이, 하나님에 관한 지식과 인간에 대한 지식은 구분하기 어려워서 종이의 앞면과 뒷면을 가르는 것처럼 난망하다. 구태여 시작점을 찾는다면 하나님을 아는 일이 먼저다. 성경을 읽지 않으니 하나님을 알 턱이 없다. 인생 최고의 가치를 알지 못하니 다른 것을 제대로 알 리 없다. 그러니 "내 백성이 나를 알지 못하여 망한다"(호 4:6, 새번역).

일단, 읽는다는 것이 기독교 신앙에서 얼마나 큰 위치와 비중을 차지하는지 보자. 이에 관한 증거는 허다한 구름 같다. 역사와 성경에서 각각 하나씩만 가져와 보자. 기독교가 발흥할 당시, 로마 제국

전체는 가히 종교의 시장이었다. 제국의 영적, 정신적 아노미 상태를 충족시킬 새로운 종교에 대한 갈망이 컸고, 그만큼 갈등도 쎄고 쎘다. 다신의 시대에 유일 신앙의 종교가 제국을 제패한 이유가 무엇일까?

바로 '경전 종교'이기 때문이다. 1세기 당시의 종교들은 '제의 종교'였다. 그들에게 신앙의 중심은 온통 제사이고, 거대한 성전에서 치르는 화려하고 아름다운 예배에 참여하는 것만으로도 훌륭한 종교인이었다. 그러나 그 속에는 두 가지가 비어 있었으니, 그들이 숭배하는 신에 대한 앎의 부재와 부족이고, 그 신의 가르침대로 살지 않는 윤리의 왜곡과 일탈이다.

제의 종교가 채우지 못한 헛헛함을 경전 종교인 기독교가 채워 주었다. 누군가가 경전을 낭독하면, 또는 한 사람이 일어나 찬찬히 설명하면, 질문이 쏟아진다. 성전에서 어린 예수가 그랬듯 듣기도 하고 묻기도 하며, 데살로니가와 베뢰아의 성도들처럼 정말 그러한지 따지고 캐물어 이치에 합당하니까 순복하였다. 참으로 젠틀한 종교다.

또한 기독교는 책을 쓰는 종교다. 초기 기독론 분야의 권위자 중 한 사람인 래리 허타도(Larry Hurtado)의 말이다. "초기 기독교는 처음부터 '텍스트성'(textuality)이 그 중심에 있었고, 실제로 '책의 종교'였다"(『처음으로 기독교인이라 불렸던 사람들』, 이와우 역간, 182쪽). 그에 따르면, 당대 문헌과 비교할 때 바울 서신은 분량 면에서 상당히 길다. 부유한 후견인의 지원 아래 전문적으로 쓰는 작가가 아님에도 순회 사역과 설교, 계속되는 위협과 박해 속에서 그 많은 분량의 글을 썼다는 것이 경이롭다. 신약 서신은 길이뿐만 아니라 기록의 양도 앞선다. 당대 이교도들이 남긴 문헌의 양과 기독교의 것을 비교하면, 단연코 기독교는 책을 쓰는 종교다. 그리스도인들은 읽었고, 썼다.

그랬기에 초기 기독교 역사 연구의 대가인 에드윈 저지(Edwin Judge)는 초대 교회를 "스콜라 공동체"(Scholastic Community)라 명명한다. 학문이나 학자들의 집단이라는 뜻이 아니라, '읽고 쓰고 토론하는 공동체'라는 뜻으로 저리 호명한 게다. 초대 교회는 경전을 읽는 공동체였다. 로마 제국에서 기독교는 읽는 종교였고, 신자는 읽는 사람이었다. 그럼 우리는 어떤가?

자, 이번에는 성경을 보자. "나로 말미암지 않고는 아버지께로 올 자가 없느니라"(요 14:6). 인간 안에 하나님을 알 만한 것이 있다손 치더라도, 하나님을 알고 하나님께 갈 수 있는 길은 인간 자신에게 주어지지 않았다. 이전에야 갖가지 방법으로 당신을 계시하셨으나(히 1:1), 이제는 예수 그리스도가 아니면 하나님을 알 수 없다. 다른 길은 없다! 모든 길은 그 길로 수렴된다.

그럼 우리는 어떻게 예수를 만날까? 주님의 저 말씀을 살짝 패러디하면 이렇다. "성경으로 말미암지 않고는 예수를 알 수가 없느니라." 성경을 읽지 않으니 예수를 알 리 만무하다. 성경이라는 매우 분명한 길이 있는데도 다른 길을 찾아 더듬는 이들은 결국 어디에 다다르게 될까? 그래서 읽는 자가 복이 있고(계 1:3), 복 있는 사람(시 1:2)이다. 읽지 않는 자에게 화가 있을지니!

한국 교회는 그 전통 위에 서 있다. 선교사 없이, 목회자 없이 번역된 성경을 읽고서 신자가 되고, 교회를 세웠다. 그런 찬란한 역사를 지닌 지금의 우리는 과연 성경을 읽는가? 일주일에 적어도 서너 번, 규칙적으로 읽는 신자가 얼마나 될까? 성경을 읽지 않고도 교인이 되고, 집사와 장로가 되는 건 아닌가? 공들여 성경을 묵상하고 연구하기보다 설교집과 인터넷에서 초막 짓고 사는 것은 아닐까, 목회자들은?

무릇 사람이란 본 대로, 읽은 대로 생각하고 행동하게 마련. 성경을 읽지 않고 다른 무언가를 읽고 있으니, 신자가 성경 아닌 다른 것을 말하고, 달리 행하는 것 아닐까? 그렇다. 작금이 교회 위기의 시대라고 말한다면, 그것은 읽지 않아서, 성경을 읽지 않아서라고 확언할 수 있겠다.

너에게로 가는 길

'읽다'라고 했을 때, 읽기 대상은 일차적으로 텍스트다. 요즘은 '영화'도 읽는다고 하고 '세상'을 읽는다고도 하지만, 읽는다는 것의 일차 대상은 무엇보다 '책'이다. 읽는다는 말에 가장 직질한 목적어는 책인 것이다. 책은 내가 아닌 '남'이고 '너'이다. 그렇기에 읽기의 신학적 의미는 '타자'와의 만남이다.

읽어야 할 대상으로서 '너'는 누구이고, 무엇일까? (마르틴 부버를 빌자면) 다름 아닌 '너'(Thou)와 '그것'(It)이다. 결코 물질화될 수 없는 인격적 존재로서의 '당신'인 책과, 우리가 생존하고 존립하기 위한 객관적 내상으로서의 '사물'인 책이다. 성 아우구스티누스는 세상에 존재하는 모든 사물을 '향유'와 '사용'으로 구분한다. '향유'는 사물 그 자체가 지닌 고유함 때문에 사랑하는 것이다. 반면 '사용'은 무언가를 얻기 위해 사물을 수단으로 이용하는 것이다. 그 자체로 목적인 책도 있고, 특정한 정보나 지식을 얻기 위한 책도 있다.

나는 책을 '사람'이자 '사물'이라고 정의한다. '사람'이라 함은 죽은 사물이 아니라 살아서 말을 한다는 뜻이다. 책은 내게 말을 건네는 하나의 인격이다. 나와 대화하는 하나의 주체이자 목적이다. '당신'이고 '향유'해야 할 존재다. 책은 내가 달리 어찌할 수 없고, 함부로 대할 수 없는 사람인 게다. 성경이 그렇다.

책은 사물이다. '사물'이라 함은 인격적 존재가 아니라는 뜻이다. 존재 가치뿐만 아니라, 이용 가치도 있다. 내 주인인 동시에 나를 섬기는 종이다. 내가 할 말을 위해 인용되고 소환된다. 설교에 '써먹기' 위한 재료요 출처다. 내 필요를 위해 소용되는 하나의 객체이자 대상이다. 내 의도에 따라 굴절되고 편집된다.

사람과 사물이라는 이중 속성을 잘 활용하면서 책을 읽어야 한다. 나보다 더 권위 있고 신뢰를 확보한 텍스트의 말에 그럭저럭 동의가 되면 (약한 것은 연필로, 좀 더 강하면 빨간색 볼펜으로) 밑줄을 긋는다. 그분의 말에 지적 충격을 받거나 문장에 감탄하여 나도 모르게 고개가 끄덕여지면 노란색 형광펜으로 그 문장 위에 덧칠한다. 이건 숫제 외워야 할 문장이다 싶을 땐, 그 둘레에 몇 가지 표시(☆, ※, ㅁ)를 해둔다. 나중에 찾기 쉽게 포스트잇도 붙여 둔다.

저자 혼자 일방적으로 말하는 것이 아니라, 그 말에 나 역시 반응하는 것이다. 이러한 읽기는 저자와 독자의 대화라는 점에서 책을 사람 대하듯 읽는 방식이다. 그러나 한편으로, 밑줄을 긋고 표시하는 것은 설교하거나 글을 쓸 때 쉽고 빠르게 찾도록 도와준다는 점에서 책을 사물로 대하는 방식이다. 이것이 '당신'이자 '그것'인 책을 '향유'하고 '사용'하는 법이다. 어떤가, 책과 마주 앉아 몇 시간 데이트를 즐기는 것은.

나와의 만남

읽는다고 하면, 대체로 책을 상상한다. 허나, 우리는 책을 통해 자기 자신을 읽는다. 모든 이해는 주관적일 수밖에 없다. "남자는 여자 하기 나름"이라는 오래전 광고 카피를 슬쩍 바꾸어 말한다면, "책은 독자 하기 나름"이다. 책도 사람과 같은지라, 어떻게 대하느냐에 따라 달리 읽힌다. 책도 읽는 사람에 따라 다른 얼굴을 내민다. 그 얼굴은 바로 내 얼굴이다.

텍스트라는 타인, 타인이라는 텍스트를 읽는 것은 곧 자기 자신을 읽는다는 말이다. 우리는 타인을, 세상을 읽는다. 하지만 읽는 이의 시선에 따라 달리 해석된다. 그러니 대상에 관한 말은 곧 자신에 관한 말로 치환된다. 그래서 우리는 자신을 은폐한 채 말해 온 일체의 것이 어쩌면 기실 자신을 탈은폐한 것이었을 수 있음을 깨닫는다. 나만 몰랐을 뿐.

오랜만에 제자를 만난 스승은 빈 들에서 빌립이 간다게의 국고를 맡은 내시에게 던진 그 물음을 묻는다. "무엇을 읽었느냐?" 제자는 자랑스레 말한다. "스승님, 그동안 토라를 무려 세 번이나 읽었습니다." 나라면 학업에 용맹 정진한 제자를 기특하게 바라보며 칭찬을 듬뿍 안겨 주었으련만, 스승은 지그시 눈을 감고 나지막하게 또 묻는다. "토라는 너를 읽었느냐?"

진정한 읽기란 내 눈앞에 놓인 텍스트 속의 활자를 보거나, 행간을 추적하거나, 저자의 뜻을 발견하는 데서 그치지 않는다. 책은 책 너머를 가리킨다. 책은 '창'이 되어서 책이 없었다면, 책이 열어 주지 않았다면 볼 수 없었을 것을 보게 하고, 읽어 내게 하는 안목을 틔워 준다.

동시에 책은 '거울'이다. 책은 거울과 같아서 무언가를 반사하면서도 동시에 바라보는 자를 되비치는 법. 스승이 보기에 제자는 책을 통해 타인을 읽었을 뿐, 읽는 자신은 읽지 않았다. 읽었던 토라로 '사랑'하기보다 읽은 횟수를 '자랑'하기에 급급하다. '토라'마저 자기 과시 수단으로 삼는 자라면, 쉽게 타인을 하대하려 들지 않겠는가. 사람의 말이 아니라 하나님의 말씀인 성경으로 자신을 들여다보고 돌아보지 않는다면, 그것은 '내'가 없는 독서이고, 나를 잃은 읽기다.

읽기 속에 비친 내 얼굴을 보는 방법이 있다. 책 여백에 끄적이는 메모다. 훗날, 하릴없이 이 책 저 책 뒤적일라치면, 어김없이 옛 메모와 만난다. 이전의 내가 어떤 생각을 했는지 들여다볼라치면, 그때에는 내가 꽤나 멋지다고 쓴 말이 얼마나 후져 보이는지. 지금의 나, 그때의 나보다 성장했기에 옛 메모를 보며 발전한 나를 본다. 반대로 지금의 내가 감히 생각할 수 없는 통찰을 갈겨 놓은 것도 보인다. 그때나 지금이나 나는 꽤 괜찮은 생각을 했구나.

얼굴이 화끈거린 적도 없지 않다. 한번은 교회 청년이 내 책을 빌려 갔다. 그다음 주일에 와서는 말하기를, "목사님, 책에다 욕을 쓰셨더라고요" 한다. 해서, 이제는 그리 심하게 쓰지 않는다. 정반대의 말도 쓴다. '할렐루야', '아멘'이라는 빨간 글자도 왕왕 보인다. 내 머리를 후려갈긴 문장, 내 가슴을 뛰게 한 문장이다. 여백의 메모는 책과 내가 만난 흔적이자, 책을 만났던 나의 역사다.

이런 방식의 독서법은 공자의 읽기론과 흡사하다. 아무리 많이 읽고 배워도 스스로 생각하는 법을 배우지 못하면 얻는 것도, 남는 것도 없다. 반면, 독자적인 사고를 구축하더라도 읽고 배우지 않으면 독단에 빠지기 십상이니 이는 위태롭다(「논어」의 〈위정편〉). 읽기는 생각을 낳고, 생각은 읽은 것을 다르게 읽게 한다. 이러한 읽기와 생각의 되먹임이 선순환할 때, 우리는 자란다. 우리 주님이 되물으셨다. "율법에 무엇이라 기록되었으며 네가 어떻게 읽느냐?"(눅 10:26) 어떻게 읽었는지 메모하라!

사랑하라, 그리고 네 멋대로 하라!

"가서 행하라, 그러면 살리니"(눅 10:28, 37 참조). 읽기의 최종 목적지는 '실천'이다. 적어도 그리스도인에게 읽기란 정보 습득(information)으로 지성이 확장되고, 세계관이 갱신(reformation)되며, 종내는 삶과 세계의 변화(transformation)를 가져오는 것이다. 무릇 읽기에서 저 셋은 항상 같이 있을진대 그중에 제일은 '변화'다.

그러면 읽기가 왜 실천이고, 변혁인가? 문제는 '어떻게'다. 나의 대답은 두 가지다. 하나는 그냥 주야장천 '읽기'다. 읽은 것이 내가 될 때까지 무작정 읽어대는 것뿐. 내가 책에 풍덩 빠지고, 책이 내 안으로 흠뻑 스며들기까지 읽는다. 으레 반문한다. "읽고도 안 변하던데요?" 그래도 읽으라. 그래도 안 변했다고 느끼면, 이렇게 물어보라. '안 읽었다면 어땠을까? 읽고도 이 정도인데, 읽지 않았다면 지금의 나는 어떤 모습일까?'

다른 하나는 '사랑'이다. 나 아닌 너에게로 향하는 길, 그리고 다시 나에게로 돌아오는 길은 사랑의 여정이다. 사랑하기에 너를 읽고자 하고, 나를 나로 사랑하기 위해 나를 읽는 거다. 읽기의 최초 출발점이자 최후 도달점은 사랑이다. 만남을 지속시키는 힘은 사랑에서 나온다. 사랑이 없으면, 읽기는 울리는 꽹과리에 지나지 않는다.

읽기에 관한 나의 마지막 말은 성 아우구스티누스의 것이다. 아무리 성경을 읽었어도 하나님 사랑, 이웃 사랑이라는 사랑의 이중 계명으로 나아가지 못한다면 그는 안다고 할 수 없고, 반대로 성경을 잘 알지 못해도 사랑한다면 그는 성경을 읽은 것과 진배없다. 율법의 완성이 사랑이듯, 성경 읽기의 최종 규준도 사랑이다. 성경 읽기가 사랑에 이르지 못한다면, 사랑으로 성경을 읽지 않는다면, 그것은 사랑 없는 율법이고 만다.

해서, 그런 읽기는 문자에 묶여 안식일에 사람을 고치는 예수를 비난하는 데 골몰한다. 사랑 없는 읽기는 자기 과시 아니면 타인 무시다. 이제야 알겠다, 왜 아우구스티누스가 "사랑하라, 그리고 네 멋대로 하라"고 했는지. 사랑은 모든 것의 완성일지니, 사랑하면 모든 것을 이룬다. 사랑이 없다면 아무것도 없고, 사랑이 있다면 모든 것이 있다.

읽는다는 것, 그것은 사랑이다. 하나님을 사랑하고, 이웃을 사랑하고, 자기를 사랑하는 법을 배운다. 사랑하기에 읽는다. 읽으니까 사랑스럽다. 오죽하면 "사랑하다가 죽어 버리라"고 했겠나. 그래, 나는 사랑하다가 죽으련다. 그래서 나는 읽고, 읽고, 또 읽는다, 사랑하니까. 읽지 않을 수 없다. 그분을, 너를, 나를, 사랑하니까.

함께 읽을 책

- 그리스도인에게 '읽는다는 것'에 관해 다룬 최고의 책은 성 아우구스티누스의 「그리스도교 교양」(분도출판사 역간)이다. 이 책의 내용과, 오늘 우리에게 지니는 의미에 관해 더 알기 원한다면 본서 2장 "읽는다는 것"을 먼저 보기 바란다.

- '읽기'에 관해 현대인이 쉬우면서도 깊이 있게 읽을 수 있는 책으로는 모티머 애들러와 찰스 반 도렌이 함께 쓴 「교사 없는 독서법」(How to Read a Book, 물과숲 역간)이 있다. 이 책은 가히 '읽기의 현대판 고전'이라는 이름이 어울린다. 분량이 제법 되는데, 2부에서 다루는 분석 독서법을 익힌다면 책을 수월하게 읽을 수 있을 것이다.

1장 생각한다는 것

한나 아렌트의 「예루살렘의 아이히만」 읽기

생각하지만 생각 없는 사람

"너는 머리를 왜 달고 다녀? 머리는 핀 꽂으라고 있는 게 아니야. 생각해라, 생각을 좀." 공부는 하지 않고 패션이나 운동, 게임에 몰두하면 부모가 아이의 심장을 헤집으며 비수처럼 꽂는 말이다. 생각 없이 살면 사는 대로 생각하게 된다고 하지 않던가. 그래서 생각 좀 하면서, 네가 생각하는 미래에 걸맞게 행동하라는 요구다.

"너희는 왜 그렇게 맹목적이야? 아무 생각 없이 무조건 믿는 것 같아." 비신자들이 기독교인을 향해 툭툭 던지는 비판의 말이다. 사실,

나는 저 말을 들으면 억울하고 답답하다. 우리 기독교 2,000년 역사를 일별해 보건대, 위대한 지성이 얼마나 많은가. 구름같이 허다한 지성들이 있거늘 왜 우리가 생각 없는 종교로 보인단 말인가.

그런데 언제부턴가 기독교 내에 지성적 면모가 잘 보이지 않는다며 저명한 복음주의 신학자인 마크 놀(Mark Noll)은 탄식한다. 우리나라는 어떨까? 다를까? 고든 맥도날드(Gordon MacDonald)의 말에서 우리 모습을 본다. "다음 세 가지 요소가 잘 계발되지 않는 한 생명력 있는 기독교란 불가능하다. 바로 내적으로는 헌신하는 삶, 외적으로는 섬기는 삶, 지적으로는 합리적인 삶이다"(『내면세계의 질서와 영적 성장』, IVP 역간, 170쪽).

그러나 생각한다는 것이 무엇인지 정확히 짚지 않고서는 기독교적 지성이란 어불성설일 터. 생각한다는 것의 정체를 따져 보는 것이 우선이다. 한나 아렌트(Hannah Arendt, 1906-1975)의 『예루살렘의 아이히만』(Eichmann in Jerusalem, 한길사 역간)이 하나의 실마리가 된다고 나는 확신한다.

어디에도 속하지 않은 사람, 아렌트

한나 아렌트는 20세기 최고의 정치 철학자로 인정받고 있다. 『전체주의의 기원』(The Origins of Totalitarianism, 한길사 역간)은 2차 세계 대전과 나치 독일을 위시한 전체주의 국가의 발호에 대한 해명이고, 「인간의 조건」(The Human Condition, 한길사 역간)은 정치 사회적 영역에서 인간이 인간답기 위한 조건이란 과연 무엇인가를 추적하는 역작이다. 아렌트는 공동체 안에서 함께 살아가는 인간 본래 상황에서 말의 중요성을 부각시킨다. 대화가 아니라면 인간의 소통은 폭력이거나 재력에 좌지우지되기 십상이다.

아렌트는 대중적인 철학자이기도 하다. 상당히 학문적인 저술가인데도 대중에게 회자하는 까닭은 그의 통찰이 현대 사회와 잘 맞아떨어지기 때문일 것이다. 몇 년 전에는 '한나 아렌트'라는 제목의 영화까지 만들어졌을 정도다. 독일어 강세가 심한 영어를 사용하는 그는 독일적 전통의 엄격성과 진지함, 미국의 현실 적합성과 함께 시대를 거스르는 저항과 용기 있는 면모를 유감없이 보여 준다.

그렇지만 아렌트의 삶은 파란의 연속이었다. 칸트의 고향 쾨니히스베르크(현 칼리닌그라드)에서 태어난 유대계 독일인이기에 나치 체제에서 핍박을 받았고, 프랑스를 거쳐 미국으로 망명한 이후 무려 18년 동안 무국적자였다. 유대인이고 여성이고 난민이라는 삶의 조건, 어디에도 소속되지 않은 삶, 아니 소속될 수 없었던 그는 남과 다른 것을 보고, 다른 사유를 펼쳤다. 그런 아렌트에게 생각한다는 것은 무엇일까?

성실하지만 악한 사람, 아이히만

유대인만 600만 명, 집시와 장애인 등을 포함하면 거의 2,000만 명에 달하는 사람을 집단 수용소에서 과학적이고 체계적으로 학살하는 일을 담당한 최고위 관료가 바로 칼 아돌프 아이히만(Karl Adolf Eichmann)이다. 패전 후, 그는 아르헨티나로 도피했다가 비밀리에 체포되어 이스라엘에서 재판을 받게 된다.

아렌트는 자신과 동년배이자 희대의 악마적 인간을 탐구하고 싶어서 시카고 〈뉴요커〉(The New Yorker)지에 먼저 요청하여 이 세기의 재판을 참관하였다. 그가 재판을 참관하여 취재한 내용을 담은 책이 바로 「예루살렘의 아이히만」이다. 그는 자신에 대한 해명이자, 당대의 악과 고통에 대한 해명의 단서를 기대하였다. 그의 박사 학위 논문은 성 아우구스티누스의 사랑 개념에 관한 연구였는데, 이미 그때부터 악의 문제는 그의 사상 중심부를 차지했다. 그랬기에 이 재판을 놓칠 수 없었다.

아이히만은 상당히 유능한 관료였다. 자기가 맡은 일을 성실히 수행하지 않는 것은 양심에 걸려도, 저 숱한 인명을 가스실로 보내는 업무에 대해서는 일말의 회의나 죄책감이 전혀 없었다. 이는 필시 사람의 탈을 쓴 악마가 아닐까? 허나, 아이히만은 지극히 정상적이고 평범하다. 가정에서는 착한 아들, 좋은 남편, 멋진 아빠였고, 이웃에게 친절하고, 직장에서는 성실하며, 국가에 더 없이 충성스러웠다.

그가 지극히 평범한 성인임을 보여 주는 증거가 최소한 두 가지가 있다. 하나는 간수가 그에게 유명한 소설 「로리타」를 빌려 준 일이다. 어린 소녀에 대한 중년 남성의 성적 욕망을 다룬 이 작품을 읽고 아이히만은 불쾌한 표정으로 불건전한 책이라고 잘라 말했다. 또 한 가지는 그를 조사한 여섯 명의 정신과 의사가 만장일치로 정신적으로 정상이고 건강하다는 결론을 내린 것이다. 의사 중 한 명은 자신보다 더 정상이라고 할 정도였다. 그런 그가 왜 악마적 만행을 저지른 걸까? 어째서 죄책감마저 없는 걸까?

무사려는 무배려다

아이히만에 대한 아렌트의 진단은 악인에 대한 기존 상식을 부숴 버린다. 아이히만은 악인이 아니라 정상적이고 평범한 사람이다. 잘못의 원천은 바로 생각의 무능력이다. 가히 충격적이다. 수백, 수천만의 양민을 가혹한 죽음의 땅으로 내몬 살인 기술자가 정상적인 인간이라니. 그가 저지른 악행의 원천을 생각하는 능력의 부족에서 찾다니. 지극히 평범한, 그래서 내 이웃일 수도 있고, 직장 동료나 친구일 수도 있고, 어쩌면 바로 나 자신일 수도 있는 그런 인간이 아이히만이라니.

아렌트의 진단과 해명을 들어 보자.

그의 말을 오랫동안 들으면 들을수록, 그의 말하는 데 무능력

(inability to speak)은 그의 생각하는 데 무능력함(inability to think), 즉 타인의 처지에서 생각하는 데 무능력함과 매우 깊이 연관되어 있음이 점점 더 분명해진다(106쪽).

아렌트가 관찰한 아이히만은 어휘력이 빈약했다. 그가 사용한 어휘는 나치의 선전 문구나 관공서 공문의 상투적 언어를 벗어나지 않았다. 내가 사용하는 언어와 어휘까지가 나의 세계다. 자신의 언어 세계가 궁색하기에 그는 타인의 세계를 감히 상상하지 못했고, 따라서 타인의 아픔이나 슬픔에 공감하기 어려웠던 거다.

한 사람의 사고력은 그의 어휘력으로 가늠할 수 있다. 가용 가능한 단어가 빈약할수록 그는 제 생각과 감정을 설명할 수 없고, 역으로 그런 언어가 부족할수록 그의 생각과 감정도 초라할 수밖에 없다. 그가 문장이 아닌 단어로 말하는 것, 논리적으로 말을 구사하지 못하는 것에서 사유의 가난함이 드러난다.

그런데 언어와 사고가 저리도 중요한 것일까? 「인간의 조건」에서 아렌트는 인간의 인간됨은 행위와 말에 있다고 주장한다. 인간과 동물은 삶의 생존을 위한 노동이나 무언가를 만들어 내는 작업을 한다는 점에서 그리 다르지 않다. 인간을 동물과 구별하는 것은 말과 행위다. 그것을 통해 자신이 누구인지를 드러내고, 타인과 관계를 맺는다. 말과 행위를 떠나서 인간은 인간일 수 없다.

그렇지만 저 인용구가 드러내는 생각은 통상적으로 받아들이는 생각과는 좀 다르다. 근대 철학의 아버지로 추앙받는 르네 데카르트

(René Descartes)는 인간을 '생각하는 존재'라고 규정했다. 아무리 의심을 해도 의심할 수 없는 단 하나가 있다. 바로 의심하는 행위다. 유동하는 세계에서 도무지 부정할 수 없는 확고부동한 기초를 통해 확실한 인식 체계를 구축하고, 그 기반 위에서 세계의 평화를 모색한 이 사람, 데카르트에게는 이성적 인간이 희망의 단서였다.

그러나 아렌트는 객관적이고 보편타당한 생각이 아니라 내가 아닌 남의 처지를 고려하는 것, 내가 함부로 어찌할 수 없는 타인의 생명을 존중하고 고통에 연민을 품는 것이 진정한 생각이고, 생각하는 능력이라고 말한다. 나는 나이고, 너일 수 없다고 말하는 데카르트와 달리 아렌트는 나는 너의 아픔을 알 수 있고, 나의 아픔인 양 공감하고 참여한다는 것이다. 무엇으로? 바로 사고하는 능력으로!

공감과 연민의 사고가 상상력이다. 앞서 인용한 문장에서 아렌트가 말하는 '생각'은 타인의 처지에서 배려하는 상상력을 말한다. 잔혹한 살상 행위를 국가적으로 시행하기 위해 서류를 꾸미고 보고하며 제대로 실행되는지를 꼼꼼히 점검하면서도 아이히만은 고통당하는 사람들의 얼굴을, 그들의 목소리를 한 번도 상상해 보지 않았다. 그래서 아이히만이 무심히 자기 일을 수행한 것을 '상상력의 결여'라고 짚어 냈다.

여기서 아렌트는 예수를 소환한다. 그가 보기에 예수를 십자가에 달아 죽인 자들에게는 "상상력의 결여"(391쪽)라는 원천적인 잘못이 있다. 가상칠언에서 예수께서 말씀하신 것처럼, 자신들이 무슨 짓을 하는지 정작 자기 자신은 알지 못한다(눅 23:34). 이 말을 역추적해 보면 동일한 결론을 얻게 된다. 그들은 자신들이 인류 최악의 사형 도구인 십자가에 매달아 죽이고 있는 그가 누구인지 알지 못했다. 그가 당하는 고통을 미루어 짐작하려는 연민도 없다. 자신의 행동에 대해 어떤 성찰도 하지 않는다. 상상력이란 타인의 고통에 대한 연민과 역지사지의 자세다. 그런 상상력 결핍이 최선을 다해 아주 성실히 유대인을 죽이는 임무를 수행하게 하고, 어떤 죄책감이나 후회도 느끼지 못하게 했다.

그러고 보면, 생각한다는 것은 타인을 생각한다는 말이다. 나는 저 생각하는 능력의 부족을 '무사려'(無思慮)라고 고쳐 읽는다. '무사려 = 무배려(無配慮)'다. 사려 깊지 못함과 배려하지 못함은 동전의 양면과 같다. 내 처지만 생각하고 나를 우선하는 것은 다른 누군가를 무시하거나 희생을 강요하는 것이 될 공산이 크다. 그 극단적 사례가 아이히만이다.

예일대 신경 과학 석좌 교수인 이대열 교수는 지능을 문제 해결 능력이라고 정의한다. 한 인간이 생존하고 발전하기 위해 자신에게 발생하는 복잡다단한 문제들을 풀어 나가는 것이 지능이다. 반면, 점수로 매긴 지능 지수(IQ)는 그저 인지적인 능력을 수치화한 것에 지나지 않는다. 해서, 지능을 지능 지수로 환원해서는 안 된다. 인류가 자신과 다른 선택을 하는 사람들 사이에서 최적의 환경을 만들어 가려면 타인의 마음과 선택을 예측해야 하고, 그러자면 스스로 자신의 마음과 선택을 파악해야 한다. 뇌 과학자 이대열 교수는 그것을 인간의 가장 고차원적 능력이라고 했다.

아이히만에게 생각이란 지능 지수 차원의 것이었다. 그러나 생각하는 능력은 내가 아프면 남도 아플 것이고, 남이 아프면 나도 아프다고 느끼는 것이다. 그런 공감과 연민이 다름 아닌 사유하는 능력이다. 우리는 종종 예측을 빗나가는 상황과 맞닥뜨려 당황하기는 하지만, 그런 지성과 지능으로 인해 조금이라도 나은 사회가 되어 간다.

생각하는 의로운 사람, 요셉

생각한다는 것은 타인을 배려하는 일이다. 이 점은 한나 아렌트 이전, 무려 2,500년 전 동아시아 사람, 공자(孔子)가 말한 바 있다. 흔히들 공자라고 하면 어짊, 곧 인(仁)으로 그의 사상의 핵심을 꿰려고 하지만, 정작 당사자는 충(忠)과 서(恕)라고 한다. 그것은 제자의 입에서 나온 것이고, 스승이 재가하였다.

먼저 공자가 자신의 도는 하나로 관통된다고 말한다. 그 말을 퍼뜩 알아차린 제자인 증자가 "예"라고 반응한다. 그러자 공자는 일어서서 나간다. 알 듯 모를 듯, 알쏭달쏭한 선문답에 나머지 제자들이 증자에게 그게 무엇이냐고 묻는다. 증자 왈, "선생님의 도는 충(忠)과 서(恕)일 뿐입니다"((이인편) 15장).

충(忠)은 '오로지 자기 자신에게 최선을 다하는 것'이다. 서(恕)는 '헤아리다', '용서하다' 등의 뜻을 지녔는데, 주자(朱子)의 해석에 따르면 '자기 자신을 헤아려 남에게 베푸는 것'이다. 유학자들은 저기서 충과서를 각기 다른 두 단어로 볼 것인지, 하나로 볼 것인지를 두고 갑론을박 중이다. '전심과 진심을 다하여 남을 헤아리고 베풀라'고 풀이해도 되고, '매사에 몸과 마음을 다하여 남의 몸과 마음을 헤아리고, 그에 맞게 베풀며 살라'는 말로 풀어도 되겠다.

남에게 어떻게 해야 할까? 자기 자신을 유심히 관찰하면 된다. 내가 싫어하는 것은 남도 싫어할 테니 그것을 행하지 말고, 내가 좋아하는 것은 남도 좋아할 터이니 마땅히 만나는 사람에게 행하라는 것이다. 산상수훈의 황금률(마 7:12)과 닮았다. 공자에게서도 생각은 과학적 합리성에 있지 않고 타인에 대한 연민과 공감하는 마음에 있었다.

내게, 진정으로 생각하는 사람의 모델은 요셉이다. 야곱의 아들 요셉이 아닌, 예수의 육친 요셉 말이다. 그는 자신과 정혼한 마리아가 임신한 사실을 알게 된다. 모세의 율법을 따르면, 그것은 간음이었다. 파혼은 물론이고 돌로 쳐서 죽일 수 있는 중대한 사안이다. 하나님을 잘 믿는다는 것은 하나님의 계명에 충성하는 것과 하나도 다르지 않다. 그는 율법에 신실한 유대인으로 자신의 무죄를 보여 주기 위해서라도 마리아를 공개적으로 망신 주고, 마을 어른들에게 끌고 가야 했다.

그런데 그는 "생각"한다(마 1:20). 요셉의 생각은 삼단논법과 같은 논리적 규칙을 따르는 사고가 아니다. 성경을 문자적으로 적용하느라 사랑하는 여인의 머리에 돌을 던지는 방법을 고안하지 않는다. 그는 사람을 사랑하라는 성경의 원래 의미에 맞게 사랑하는 방법에 골몰한다. 사랑하는 아내의 잘못을 무작정 덮지도 않지만, 그를 다치게 하지도 않는다. 요셉의 생각함은 마리아를 배려하는 것이었다. 기독교적으로 생각한다고 했을 때의 생각함은 말씀을 문자적으로 적용하기보다는 말씀의 영의 마음을 헤아리는 것이다.

나는 우리 한국 사회에 기독교적 지성이 좀 더 많아지길 바란다. 대중적으로 주목받는 작가들은 대부분 무신론자 아니면 불교 계통이다. 기독교인의 활약이 없지 않지만, 가려져 잘 보이지 않는다. 다른 한편으로 모든 그리스도인이 생각하는 능력을 갖췄으면 한다. 생각한다는 것은 지능 지수가 높고 공부도 잘해서 문제를 척척 잘 푸는 것보다는 타인을 배려하는 것이다. 의로운 사람 요셉의 사유 방식이 우리 모두의 것이 되기를 바라고 바란다.

1장 생각한다는 것

함께 읽을 책

- 한나 아렌트의 삶과 사상에 접근하는 가장 좋은 방법으로 영화와 만화를 추천한다. 제목은 그의 이름 그대로다. "한나 아렌트." 마르가레테 폰 트로타 감독의 이 영화는 「예루살렘의 아이히만」에 대한 비판과 비난, 그리고 아렌트의 고민을 잘 담고 있다. 그래픽 노블로 그려낸 「한나 아렌트, 세 번의 탈출」(켄 크림슈타인, *The Three Escapes of Hannah Arendt*, 더숲 역간)은 그의 삶과 생각을 일목요연하게 보여 준다. 또한 20세기의 뛰어난 정치철학자의 사상을 좀 더 편하게 읽을 수 있다는 미덕도 갖추고 있다.

- 한나 아렌트의 사상을 한국이라는 삶의 자리에서, 한국인의 시선으로 탁월하게 정리한 책이 있다. 김선욱 교수의 「한나 아렌트의 생각」(한길사 펴냄)이다. 처음부터 끝까지 순서대로 읽어도 되고, 목차를 살펴본 후 관심 가는 장을 골라 읽어도 좋다.

- 「예루살렘의 아이히만」은 한나 아렌트의 정치사상을 살피는 데 필수 관문이지만, 이 책으로 성이 차지 않는다면, 「인간의 조건」(한길사 역간)을 추천한다. 이 책은 상당한 에너지를 요구한다. 나는 고전 읽기 모임을 만들어 함께 이 책을 읽었고, 나카마사 마사키의 「한나 아렌트 「인간의 조건」을 읽는 시간」(아레테 역간)과 그 외 학술 논문을 곁들여 읽었다. 고생한 만큼 풍요로운 독서 시간이었다.

2장 읽는다는 것

성 아우구스티누스의 「그리스도교 교양」 읽기

읽으면 인생 역전?

"책을 읽다가 책을 쓰게 되었고, 책을 쓰다가 인생을 다시 쓰게 된 김기현입니다."

느끼하고 오글거릴지 모르겠다. 노련한 강사의 닳고 닳은 자기소개 멘트니까. 외부 강의를 할라치면, 독서와 글쓰기 강의의 첫인사는 비로 저것이다. 아, 또 하나 있다. "책에 미친 목사, 김기현입니다. 저의 강의를 듣기 위해 오신 여러분을 환영합니다." 하나 더. "책이라면 환장하는 김기현입니다. 반갑습니다."

저 한 문장이 청중의 시선과 관심을 확 잡아채고 내 강의에 집중하게 하는 힘 있는 말임에도, 내심 나는 켕긴다. 처음에 소개한 인사말 앞부분의 두 표현 때문이 아니다. 나는 정녕 책을 읽었다. 읽어도 많이, 열심히, 부지런히, 성실히 읽었다. 읽고 또 읽었다. 지금도 읽고 있다. 글을 쓰는 일이 많아져서 예전보다 읽는 양이 줄었는데도 나름 꽤 많이 읽는다고 자부한다.

 책을 쓰는 것도 마찬가지다. 어찌어찌하다 첫 책을 냈고, 지금껏 16권의 책을 쓰고 7권을 번역했다. 1년에 1권 이상, 한창일 때는 몇 년 동안 해마다 2권의 책을 출판하기도 했다. 그럼에도 감히 그 앞에 내 명함을 내밀지 못할 분이 없지 않다. 나를 기준 삼아 나를 말한다면, 책을 쓰는 인생임은 틀림없다. 누군가가 사무실의 나를 본다면, 읽고 있거나 쓰고 있거나 할 테니까 말이다.

 내가 찜찜한 것은 세 번째 말이다. "인생을 다시 쓰게 되었다." 과연 그럴까? 미친 독서 이전과 이후는 정녕 달라졌을까? 열정적인 집필 활동으로 나는 변했을까? 인생을 다시 쓰게 되었다는 말이 은연중에 함축하는 바는, 삶이 좋아졌다는 말일 테니. 내가 내게 묻는다면, 대답은 "예, 그러나 아니오"이다. 달라졌고, 변했고, 좋아진 것은 분명하다. 단언컨대, 읽고 쓰지 않았다면, 지금의 나는 없다. 허나, 읽고 씀으로 나는 성숙했는가를 묻는다면, 나는 주저하고 머뭇거린다.

 나를 벼랑 끝에 세우는 이런 질문을 자주 한다. 이제는 지겹기도 하고, 역겹기도 하다. 저 질문을 어제도, 오늘도, 내일도 묻고 또 묻게 되리라는 점을 뻔히 알기에 지겹다. 저 질문으로 내 미숙함과 어리숙함을 포장하고 위장한다는 것을 알기에 역겹다. 그런데도 묻는다. 나는 죽을 때까지 읽을 것이다. 읽는다는 것은 무엇인가? 왜 읽는가? 아니, 왜 읽지 않으면 안 되는가? 성 아우구스티누스(St. Augustinus, 354-430)의 「그리스도교 교양」(De Doctrina Christiana, 분도출판사 역간) 1-3권은 내게 답을 알려 주고, 힘을 북돋는다.

교양을 갖추자고요

2,000년 교회사에서 단 한 사람의 신앙인을 고르라면 나는 성 아우구스티누스를 꼽는다. 비단 나만 그런 것은 아니다. 많은 해설서나 논문에서 "최고의 신학자요 신자"라는 문구를 흔히 본다. 그러니 한 개인에 대한 숭배가 아닌가 싶을 정도다. 허나, 그는 그런 존경을 받아 마땅한 인물이다. 그는 언제까지나 내 마음속 큰 바위 얼굴이다. 그의 얼굴을 보고 그의 가르침을 받을 수만 있다면, 그의 집 마당의 참새처럼 집을 짓고, 제비처럼 새끼를 칠 보금자리를 얻을 테다.

그는 사이에 낀 운명을 지니고 태어났다. 이교도인 아버지와 독실한 신자인 어머니 사이, 고대에서 중세로 넘어가는 길목, 로마 제국의 해체와 아직 오지 않은 새로운 질서 사이, 진리에 대한 무한한 열망과 더불어 세속적 성공과 육체적 욕망에 대한 탐닉 사이에서 쩔쩔매면서도 어느 하나를 버리지 못한 사람, 하나님을 만나면서 "이전 것은 지나갔으니 보라, 새것이 되었도다"(고후 5:17)라는 선언에 합당한 삶을 산 사람, 그렇지만 이전 것을 버리기보다는 새것의 관점으로 재해석하여 통합해 낸 기독교 신학의 아버지가 된 사람, 그가 성 아우구스티누스다.

그랬기에 그는 「그리스도교 교양」에서 이전 것이 필요 없다고, 버렸다고 말하지만, 여전히 그 흔적과 영향력이 완연하다. 4권에서는 설교자에게 성경이면 충분하다고 말한다. 성경을 읽고 또 읽는 것만으로 말하는 기술을 습득하는 데 부족하지 않다는 것이다. 성경 곳곳에 '수사학의 예문'이 매우 많아 일일이 열거하는 것이 귀찮을 정도이며, '수사학의 표본'으로도 전혀 손색이 없다.

그런데도 당대 최고 수사학자의 실력을 십분 발휘하여 그 수사학이 기독교 안에서 수용되고 변용되는 탁월한 재구축의 모델을 보여 준다. 고전 수사학이 말한 웅변의 목적은 셋인데, '가르치고, 매료하고, 설득하는' 것이다. 그는 순서를 살짝 바꾼다. 아무래도 진리 전달이 초점인 기독교 설교의 특성상, 설득이 매료보다 앞선다(XII.127-XV.133). 전달이 우선인 까닭이다.

읽는 것에 관해서도 마찬가지다. 문자를 해독하는 능력이 없으면, 그러니까 국어 실력이 떨어지면 성경을 제대로 읽어 내지 못한다는 것으로 이 책은 시작된다. 혹자는 바울 사도의 말을 인용하면서 문자가 아닌 영으로 읽어야 한다고 말할 것이다. 허나, 성경은 언어로 기록된 이상, 그 말과 글을 읽어 내는 능력과 독해 방식을 무시하면 오독하기 십상. 그 언어가 작동하는 방식을 면밀히 검토하고, 그 안으로 깊숙이 치고 들어간 다음, 돌파하지 않으면 안 된다.

우리네 교회와 목사들에게서 종종 듣는 말이다. 설교 본문만 뽑아 놓고, 성령의 음성을 기다려 인도하심을 따라 설교하면 그만이라고. 설교 전체 원고를 토씨 하나 빼먹지 않고 작성하고 억양과 몸짓을 연습하는 것은 인본주의라 매도한다. 이에 대해 이 위대한 사람의 반박은 통쾌하기 그지없다. 성령의 음성을 직접 듣고 인도받는다면, 왜 "굳이 남들에게 해설하려고 나서[는가?]"(서문, 57쪽) 이는 자기 게으름을 뻔뻔스럽게 포장하려 드는 것으로, 죄에 죄를 더하고 만다. 기본적으로 청중이 내 말을 알아듣도록 말해야 한다. 내가 무슨 말을 하는지 모르는 횡설수설을 성령의 가르침이라 호도하지 말지니.

아우구스티누스는 2권에서 일반 학문의 유용성을 길게 설파한다. 성경도 언어로 기록되었기에 우리식으로 말하면, '국어', '한글' 실력이 있어야 한다. 다른 종교 경전과 달리 성경 66권은 가히 도서관에 해당할 방대한 지식과 학문 분야와 관련되어 있기에 다양한 학문이 성경을 읽는 데 요긴하다. 역사학, 음악, 지리학, 식물학과 동물학, 천문학도 필요하고, 논리학과 수학도 쓸모가 많다.

여기에는 두 가지 조건이 붙는다. 바울의 말을 빌려 하나를 말하면 이렇다. "설사 모든 학문이 허용되나, 모든 학문이 유익하지 않으며, 설령 모든 학문이 나름으로 일리가 있어도 모든 학문이 덕을 세우지는 못한다"(고전 10:23 참조). 대표적인 것이 점성술과 미신 등이다. 다른 하나도 바울의 말을 가져와서 말해 보자. "지식이 많을수록 교만하기 십상이니, 참된 지식이라면 사랑으로 이끌고 덕을 세울 것이다"(고전 8:1 참조). 또는 "교만하게 하는 지식보다는 덕을 세우는 사랑을

2장. 읽는다는 것

더 구할 것이다." 모든 학문의 도움을 받더라도, 그것은 성경을 연구하고 이해하는 데 도움을 주자는 것이지 성경을 판단하는 기준이 되어서는 안 될 일이다.

아, 책 제목에 쓰인 '교양'의 말뜻을 짚어야겠다. 모든 책은 제목만 보면 단박에 어떤 종류와 주제를 담고 있는지를 알 수 있다. 저자와 편집자는 지나치게 명확히 밝히거나 때로는 은근한 암시로 독자의 호기심을 자아낸다. 「그리스도교 교양」이라고 했을 때의 라틴어는 *Doctrina*(독트리나)다. 여기서 'doctrine'(교리)이라는 영어가 파생되었다. 한때 '교육'이라고도 번역되었는데, 일차적인 의미는 '학문'이다. 또한 그 학문을 '가르치는 것'도 포함한다. 기독교를 학문적으로 설명하고 청중에게 전달하는 것이 여기서 말하는 '교양'이다.

당대 문화에서 저 단어는 '교양'에 가깝다. 이때 교양은 '고전'을 읽고 이해하는 것을 뜻했다. 따라서 '기독교 교양'은 기독교의 고전, 즉 성경이라는 텍스트를 읽고 이해하고 가르치는 기술을 다룬다. 이 책은 전체적으로 두 부분으로 구분된다. 1-3권은 텍스트를 읽는 법, 4권은 텍스트를 가르치는 법을 집중적으로 파고든다. 그러니까 기독교적으로 기독교의 경전인 성서를 '읽는 법'에 관한 책이다. 나도 이 책으로 '읽는다는 것'을 말해 보려 한다.

중년의 성숙한 아우구스티누스가 이 책에서 발전시킨 탁월한 성취 중 하나는 '향유'와 '사용'이다. 전문가들에 따르면, 이 개념이 그의 신학과 윤리학의 요체라 한다(62쪽 각주8). 나는 그것을 이 책의 핵심 주제와 연결하여 '읽는다는 것'이 무엇을 말하는지, 어떻게 읽어야 하는

지를 말해 보려 한다.

향유 vs. 사용

아우구스티누스는 존재하는 것을 크게 두 종류로 구분한다. '향유'와 '사용'. 향유해야 하는 것과 사용해야 하는 것이다. 향유는 그 자체로 사랑하고 존중하는 것이고, 사용은 무언가를 얻기 위해 이용되는 것이다. 향유는 행복을 주고, 사용은 행복을 얻고 누리기 위한 도구다(1권, IV.3-4). 향유해야 할 것을 사용해서도, 반대로 사용해야 할 것을 향유하려 해서도 안 된다. 향유란 그 자체로 목적인 것이고, 사용이란 목적을 위한 수단이다. 수단이기에 이용하는 것이고, 목적이기에 누리는 것이다.

이를 에리히 프롬(Erich Fromm)의 언어로 구분한다면, '존재 가치'(to be)를 지니는 것은 향유에, '소유 가치'(to have)를 지니는 것은 사용에 해당할 것이다. 어떤 것을 많이 가진다고 해서 행복해지지는 않는다. 소유 분량에 따라 행복이 증감하지는 않는다. 내가 가진 것으로 행복을 추구하지 말고, '나인 것', '내가 나로 존재하는 것'에 집중해야 행복하다.

아우구스티누스에 따르면, 이 세상에서 향유 대상은 단 하나다. 바로 삼위일체 하나님이다. 그 자체로 목적으로 누릴 대상은 단 한 분 하나님뿐이다. 그 자체로 사랑해야 하는 대상은 하나님 외에 없다. 하나님은 다른 사물처럼 소멸하거나 일시적이지 않으시다. 어느 때, 어느 곳에서나 변함없이 그 자신으로 존재하시기에 하나님만을 향유해야 한다. 그 외의 것은 욕망이고 애착일 뿐.

그렇다면 인간은 어떨까? 다른 사물이야 당연히 사용 대상일 터. 인간도 향유의 대상이 아닐까? 인간을 인간 자체로 사랑해야 할까? 아니면 인간 자체가 아니라 다른 이유가 있어서 사랑해야 할까? 아우구스티누스는 놀랍게도 향유가 아니라 사용이라고 답한다. 우리가 사람을 사랑하는 까닭은 하나님이 사람을 사랑해서이기 때문이다.

다른 것 때문에 사랑해야 하는 경우 향유가 아닌 사용의 대상이라는 원칙에 따르면, 저 결론은 수긍하기 어렵지 않다. 하나님이 사람을 사랑하시기에 우리가 사람을 사랑하는 것이므로 인간은 그 자체가 목적이 아니라는 것이다. 하나님을 경유하지 않고는, 하나님 앞에 세워 두지 않고는, 하나님 없는 인간이란 동물에 지나지 않는다.

그러면 책은 어떨까? 우주 만물 중에 으뜸인 인간도 향유해서는 안 된다고 못 박는 아우구스티누스일진대, 책이야 말해 무엇 하리. 심지어 그는 성경도 필요 없는 때가 있다고 한다. 고린도전서 13장에서 사도는 믿음, 소망, 사랑만 남고, 다른 모든 것, 즉 예언, 방언, 지식도 사라진다고 했다. 그 논리의 연장선에서 우리 신자의 삶에 저 세 가지만 있다면, 성경도 불필요하다고 본 것이다.

나는 결코 동의할 수 없다. 그가 성 아우구스티누스라 할지라도 말이다. 그의 말처럼 그리스도가 하나님께 이르는 유일한 길이라면, 우리가 그리스도께 가는 유일한 길은 성경뿐이다. 그리스도로 말미암지 않고는 아버지께로 갈 수 없듯, 성경으로 말미암지 않고 그리스도께로 가는 길은 없다. 나는 특정 단어를 사용해서 나의 정체성을 설명하지 않는다. 예컨대, '복음주의', '자유주의', '개혁주의' 등등. 그러나 누군가가 내게 신학적 정체성을 설명하는 단어를 굳이 말하라고 한다면, 단 하나다. 바로 '성서주의자'(Biblicist)다. 다른 길이 없기 때문이다.

나는 책과 함께 독서도 향유가 가능하다고 생각한다. 이는 아우구스티누스가 슬쩍 언급하고 지나간 말인데, '향유와 사용'이 동시에 가능하다고 말했기 때문이다(1권, III). "사물은 향유하기 위한 것과 사용하기 위한 것과 향유하고 사용하기 위한 것이 있다." 그러니까 그는 향유와 사용이라는 이분법으로만 말하지 않는다. 둘 다 포함하는 것이 있다. 향유하면서도 사용하고, 사용하면서도 향유하는 제3의 섹터가 존재한다. 헌데, 그는 둘 사이의 중간 또는 다른 영역이 있음을 인정하면서도 별다른 설명을 보태지 않는다. 나는 그것을 '책'에 적용한 것뿐이다.

내게 "책이란 대관절 뭐요?"라고 묻는다면, 읽는다는 관점에서는 이렇게 답한다. "사람이자 사물입니다"라고. 사람은 향유, 사물은 사용의 다른 말이다. 책은 사람과 같기에 사랑한다. 책은 사물이기에 사용한다. 사랑하기에 특정 목적을 위한 수단으로 사용해서는 안 되고, 사용해야 하기에 그 자체가 지고의 목적은 아니다. 이 역설이 읽는다는 것에 관한 최상의 말이라고 본다.

좀 더 풀어 보자. 여기서 '책 = 사람'이라 함은, 인격적 대상이라는 뜻이다. 인격이란 소통하고 대화한다는 말이다. 사람은 홀로 존재하지 않고, 만남 속에 존재하기 때문이다. 그렇기에 읽는 방식도 인격적이어야 한다. 아무리 많은 정보를 습득했다손 치더라도 내 영혼을 건드리지 못한다면, 무에 소용 있으랴. 각박한 독서다. 그러므로 책을 인격적으로 대해야 한다. 어떻게?

'책 = 사물'이라 함은, 어딘가 사용한다는 말이다. 사물은 무언가 용도가 있다. 책도 필경 쓰임새가 있다. 그것은 정보나 지식을 얻는 것과 같다. 내게 필요한 지식을 잘 뽑아내는 독서법이어야 한다. 영적으로 읽는다고 내 지성에, 공부에, 글쓰기와 보고서 제출에 하등 쓸모없다면, 그런 독서를 해서 무엇 하겠는가. 내면을 살찌울 뿐만 아니라, 지성도 확장하는 방식으로 읽어야겠다.

그러므로 읽기는 '나 아닌 다른 나와의 만남과 대화'이고, '나를 위해 나 아닌 것을 이용'하는 일인 동시에 양자가 한꺼번에 이루어지는 활동이다. 이는 내 읽기 방식에 그대로 나타난다. 그러니까 책을 사람으로 향유하는 방식으로 읽고, 사물로 이용하며 읽는다.

예컨대, 밑줄을 긋고, 색을 칠하고, 메모를 적고, 포스트잇을 붙인다. 책은 사람이기에 내게 말을 걸어온다. 그걸 경청하고 반응한다. 검정색 샤프로 밑줄을 긋는 것은 고개를 살며시 끄덕이며 '흠 그렇구나, 그래요', 빨간색 볼펜은 좀 더 강한 반응으로 '그건 참 중요한 말이네요. 내가 귀담아들어야겠는걸요', 노란색 형광펜으로 두텁게 덧칠하는 것은 '이건 숫제 외워야 할 말이군요. 너무 좋은데요.'

대화란 일방적일 수 없다. 서로 오고 가는 말이 있다. 책이 내게 건넨 말에 어찌 일절 대꾸가 없으랴. 나도 그렇게 생각한다고, 왜 그리 생각하는지 말도 하고, 이해되지 않으면 다시 물어보기도 하고, 책의 견해와 다르면 반박도 하고, 내가 잘못 생각한 것을 교정받기도 한다. 이런 일련의 대화를 여백에 기록한다.

이것은 한편으로 책과의 대화이면서 책을 인격체로 존대하는 길이다. 다른 한편으로 밑줄과 색칠, 메모 등은 내가 글을 쓰는 데 매우 유용하다. 독서 리포트를 제출한다고 해보자. 서평은 크게 두 부분으로 구성된다. 요약과 평가다. 요약이 저자의 말과 생각을 정리한 것이라면, 평가는 그것에 대한 내 생각과 느낌이다.

요약할 때 부닥치는 어려움 중 하나는 '그 말이 어디 있더라'를 연발하며 한참 뒤적거리게 되는 것이다. 평가는 또 어떤가. 읽을 때는 비판거리가 없지 않았다. 나름 괜찮은 생각을 했다고 스스로 머리를 쓰다듬은 적도 없지 않다. 그러나 막상 쓰려고 컴퓨터를 켜고 한글 프로그램을 열면, 머릿속이 하얀 눈 덮인 산골짜기다. 표시하고 메모한 것이 있으면, 필요한 정보를 찾기 쉽고, 글도 빨리, 잘 쓴다. 그러니 책은 향유와 사용의 대상이고, 향유와 사용을 동시에 하는 읽기의 대상이다.

읽으라, 그러나 읽히라!

그리고 보니, 나는 책을 향유하고 사용하는 것

2장 읽는다는 것

에만 코 박고 골몰했다. 감히 위대한 성 아우구스티누스에게 이의를 제기하고 딴지를 거는 내가 새삼 멋지다. 거인 어깨 위에 올라간 난쟁이라고 했지만, 어깨까지도 언감생심이다. 무릎이나 허리춤에라도 기어 올라가면 그나마 다행이다. 그런 녀석이 얻다 대고 "당신 틀렸소, 나는 그렇게 생각 않으오"를 외치니 시원하긴 하다만, 한 번 더 성인이 책을 향유하지 말라 하신 까닭을 곰곰이 생각해 본다. 어째서 그리 말했을까?

읽어야 할 텍스트 못지않게, 읽는 사람이 또 하나의 텍스트이기 때문 아닐까? 가만가만 더듬어 본다. '무엇을 읽는가?' 또는 '어떻게 읽는가?'만큼이나, 아니 그 이상으로 '누가 읽는가?'가 중요하다. 같은 것을 보고도 달리 해석한다. 별개의 사실을 본 것처럼 말이다. '본 것이 나를 만든다'는 말만큼 보는 내가 본 것을 재구성한다. 그러니, 이 수사학자는 나더러 "좀 읽었다고 똥폼 잡지 말고, 읽는 너를 돌아보라" 말씀하시는 게다.

그렇다. 읽는다는 것에 관한 나의 최종적인 말은 이것이다. 읽는다는 것, 그것은 읽힌다는 말이다. 한번은 아들이 그런다. "아빠는 왜 이상한 데에 밑줄을 그어요?" 자기가 보기에 중요하지 않은 문장에 밑줄 긋는다. 어릴 적에는 왜 책을 더럽게 읽느냐고 타박하더니 지금은 엄마에게 "너는 어쩜 아빠랑 똑같이 읽냐"는 놀림을 받는다. 자를 대고 밑줄을 그어 가며 읽는 폼이 판박이라며 사진 찍어 가족 단톡방에 올린 적도 있다. 내가 읽은 것으로 내가 읽힌 것이다.

나는 '내가' 책을 읽는다고만 생각했다. 그런데 내가 누군가에게 읽힐 줄이야. 그러고 보니, 나도 읽히는 하나의 텍스트다. 내가 읽지만, 나도 읽힌다. 토라를 열심히 읽었다고 자랑하는 제자에게 토라는 너를 읽었느냐고 질타한 사막 스승의 목소리가 쟁쟁하다. 책을 아무리 많이 읽은들 무엇 하랴. 텍스트에 비친 나와 너를 읽어 내지 못한다면 말이다. 책을 읽는 나를 바라보는 아들, 내가 읽은 것을 보고 있는 아들이 내게 알려 주었다. 나 역시 누군가에게 읽히는 하나의 책이라고.

여기서 한 걸음 더 나아가자. 읽히는 나는 과연 읽을 만한가? 1만 원짜리 책 한 권 값은 될까? 적어도 서너 시간 꼼짝없이 앉아서 읽을거리가 있는가? 내가 감탄해 마지않으면서 감동에 겨워 밑줄을 박박 긋고, 노란색 형광펜으로 덧칠을 하고, 좌우, 위아래에 별표를 그려 넣을 만한 글이 되고 책이 되는 이야기가 있는가? 책을 읽다가 책을 쓰게 되었지만, 내 삶은 책이 되었을까? 읽은 것이 내가 되었지만, 나는 읽을 만한 것이 되었을까?

함께 읽을 책

- 2,000년 교회사에서 단 한 사람을 꼽으라고 할 때 성 아우구스티누스를 꼽는다면, 그의 수많은 책 중에서 고를 단 한 권은 단연코 「고백록」이다. 누군가가 내게 "당신 집에 화재가 났고, 단 한 권의 책을 갖고 나올 수 있다면 어떤 책을 챙기겠습니까? 단, 성경은 빼고요"라고 묻는다면, 나는 1초도 고민하지 않고 「고백록」이라고 답할 것이다. 무조건 읽으라!

- 내 글에서도 말했지만, '읽는다는 것'에는 인격적인 측면과 실용적 측면이 혼재되어 있다. 본래 기독교 전통의 읽기는 수도원 전통을 통해 전수되어 왔다. 「학교 없는 사회」(Deschooling Society)를 주창한 이반 일리치의 책 「텍스트의 포도밭」(In the Vineyard of the Text, 현암사 역간)은 그 전통을 현대 사회에서 복원하기를 원한다. 이 책은 12세기 수도사 후고가 쓴 「디다스칼리콘」의 주석서라고 보면 된다. 원문의 맛을 보려면, 「공부의 고전: 스스로 배우는 방법을 익히기 위하여」(에라스무스 외, 유유 역간) 1장을 읽으라.

- 성경 읽기와 관련해서는 강영안 교수의 「읽는다는 것: 독서법 전통을 통해서 본 성경 읽기와 묵상」(IVP 펴냄)과 내가 쓴 두 권의 책, 「10대와 함께 성경에 빠지는 성경 독서법」과 「모든 사람을 위한 성경 묵상법」(이상 성서유니온선교회 펴냄)을 추천한다. 강영안 교수는 철학자답게 철학을 비롯한 인문학 전반의 지식을 총동원하고, 그 맥락 속에서 성경을 읽는다는 것을 잘 밝혀 놓았다. 나의 책들은 동서양의 읽기 방식에 관한 인문학적 지식을 군데군데 던져 넣으면서 보다 실용적으로 풀어내고 있다. 이 책들은 교회 공동체에서, 그리고 개인이 성경을 묵상하는 구체적인 방법을 정리한 것이다.

3장 인문학을 한다는 것

얼 쇼리스의 「희망의 인문학」 읽기

인문학이 위기라고요?

인문학이 위기라는 말을 심심치 않게 듣는다. 특히 대학교수들의 걱정이 이만저만이 아니다. 신입생도 갈수록 줄고, 국가 지원도 대폭 삭감되는 처지다. 이러다가 인문학이 고사할 거라는 탄식이 절로 난다. 그런데 특이하게도 대학 바깥에서는 인문학이 열풍이다. 스타급 대중 강연자들이 생겨날 정도니까 말이다. 최근 기사를 보니, 철학 관련 책이 베스트셀러 상위권을 독차지했다고 한다. 정말 인문학이 위기인가?

그래서 인문학이 아니라 '인문학자의 위기'라고도 한다. 인문학의 본령이 시대와 사람을 비판적으로 성찰하는 것이라면, 인문학의 위기는 우리 시대가 성찰할 것이 없거나, 성찰을 제대로 하지 못해서이거나 둘 중 하나일 테다. 현실과 상관없는 고담준론을 읊어대고, 그것을 우리 사회에 적용하여 서구 이론에 계속 우리 현실을 끼워 맞추기만 하는 한, 인문학은 소망이 없다.

기독교 내부에서는 인문학을 위험한 것으로 여기고, 위협으로 간주하는 말이 나돈다. 근거 없는 불안은 아니다. 신학은 인간이 인간답기 위해서 하나님을 알아야 한다고 주장한다면, 인문학은 구태여 하나님을 끌어들이고 싶어 하지 않는 기색이 역력하다. 그들의 생각을 거칠게 구분하자면, 다음 두 가지 중 하나일 것이다. 하나님이라는 작업가설 없이도 인간을 인간으로 보는 것이 충분하다는 대답과, 인간을 이해하려면 인간이 아닌 신의 존재의 도움이 필요하다는 태도다.

인문학이 위험하다는 말은 인문학을 어떻게 정의하느냐에 따라 달라진다. 인문학을 가리키는 라틴어(humanitas)와 영어(humanity)를 폼나게 번역하면 '인문주의'이고, 의미를 살려 번역하면 '인간다움'이다. 그러니까 인문학은 '인간이란 어떤 존재인지, 인간이 인간답게 산다는 것이 무엇인지를 캐묻는 것'이다.

서양 언어가 아닌 동아시아의 한자 문화권에서 '인문'(人文)이라는 단어는 '천문'(天文)의 상대어다. 하늘의 별이 움직이는 자리와 법칙을 연구하는 것이 천문이라면, 인문은 인간의 궤적과 흔적을 탐구한다. 전통적으로 인문학을 문·사·철(文·史·哲)이라고 한다. 인간이라는 존재와 그의 삶의 이야기를 다양한 방식으로 탐사하는 학문이다. 하여간에, 인간이 인간을 묻고, 인간이 인간답게 살고자 하는 것이 인문학이다.

이렇게 놓고 보면, 인문학은 적이라기보다는 기독교의 동지다. 칼뱅이 「기독교 강요」 첫 문장에서 말했듯 하나님을 아는 것과 인간 자신을 아는 것은 기독교 지식의 양 축이다. 인간을 알지 못하면, 다시 말해 인문학이 없다면, 기독교 신앙의 절반을 잃는 것과 진배없다. 게다가 16세기 종교 개혁자들은 하나같이 인문주의자였다. 에라스무스, 루터, 칼뱅, 츠빙글리, 그리고 아나뱁티스트까지. 그들이 인문주의와 인문학에서 받은 영향은 결코 가볍지 않다.

인문학이 위기도 아니고 위험하지도 않으며, 오히려 기회요 희망임을 보여 주는 이야기가 있다. '인문학' 하면 떠오르는 부류는 사회경제적으로 여유 있는 이들이나, 지적으로는 최소한 대학을 졸업한 이들이다. 그런데 「희망의 인문학」(Riches for the Poor, 이매진 역간)에서는 가난한 사람들이 인문학을 하고, 그들의 삶이 바뀐다. 링컨의 말을 살짝 바꾸어 말하면, '빈자의, 빈자에 의한, 빈자를 위한 인문학'이다.

인문학이 위기라면, 빈자가 배제된 채 부자와 강자의 지배를 용이하게 하는 체제에 복무하는 인문학이 되었기 때문이고, 위험하다면, 가난한 사람들이 자기 스스로 성찰하고 가난의 굴레에서 벗어날 사고 능력을 갖추게 되기 때문이다. 그러나 이 책의 저자는 인문학을 위기나 위험이 아닌 '희망'이라는 키워드로 읽는다. 그렇다, 인문학은 희망이다. 왜, 그리고 어떻게 희망일까?

가난한 자가 인문학을 한다고요?

우리 아이들에게 '시내 중심가 사람들의 정신적 삶'을 가르쳐야 합니다. 가르치는 방법은 간단합니다, 얼 선생님. 그 애들을 연극이나 박물관, 음악회, 강연회 등에 데리고 다녀 주세요. 그러면 그 애들은 그런 곳에서 '시내 중심가 사람들의 정신적 삶'을 배우게 될 것입니다. 그렇게 되면, 그 애들은 결코 가난하지 않을 거예요(168쪽).

이 책의 부제처럼 기적을 일군 희망의 인문학을 시작한 얼 쇼리스(Earl Shorris, 1936-2012)의 책, 「희망의 인문학」의 한 구절이다. 이 구절이 전 세계 수십 개국에 가난한 자를 위한 인문학 운동을 촉발하고, 가난한 자들의 삶과 운명을 바꾸었다.

그런데 저 말은 얼 쇼리스의 것이 아니다. 중범죄자를 수감하는 교도소에서 생활하는 여성, 비니스 워커의 말이다. 19세부터 수감 생활을 해온 워커는 가난하기에 사회 체제로부터 밀려났지만, 그 끝자리에서 사회를 다른 시선으로 보는 안목을 갖게 되었다. 그는 자신의 경험을 통해서 가난한 자들은 외부의 지원과 복지가 절실하지만, 스스로 사고하는 능력을 얻기 전까지 가난에서 근본적으로 독립하는 것은 어렵다는 사실을 알았다. 그들 스스로 자립적이고 자율적인 삶을 사는 법을 배워야만 한다.

충격을 받은 얼 쇼리스는 노숙인을 모아서 인문학 공부를 시작한다. 놀라운 것은 그들에게 읽힌 책이다. 플라톤, 아리스토텔레스의 철학 책, 호메로스의 「오디세이」와 「일리아드」같은 고대의 대서사시부터 셰익스피어의 희곡, T. S. 엘리엇의 시, 한나 아렌트의 정치 철학 등의 고전을 주로 읽었다. 강사는 그 분야에서 최고로 인정받는 이들이고, 수준은 대학 수업 정도였다.

놀라운, 그러나 놀라지 말아야 할 것은 그들이 읽어 내더라는 것이다. 사실, 가난한 자들이 고전을 읽지 못할 것이라는 생각은 잘못된 선입견이다. 그리고 그들의 삶이 바뀌더라는 것이다. 책을 읽으니까 생각하게 되고, 생각한 이후부터는 생각 없이 살던 이전과 다른 삶을 선택한다. 스스로 빈곤에서 벗어나는 힘이 생긴다. 인문학이 스스로 성찰하는 삶이라고 했는데, 그것이 거짓 없는 진실임을 강력하게 웅변한다.

그런데 이 책은 인문학 이야기로 도배되어 있지 않다. 의외로 정치에 관한 이야기가 상당 부분을 차지한다. 인문학과 정치라? 이 둘이 어떻게 서로 연결되는 것일까? 인문학이 성찰하는 삶이라면, 그 성찰의 대상에는 자기 자신만이 아니라 자신을 가난하게 만드는 사회 구조를 향한 물음이 포함될 수밖에 없다. 자연스럽게 정치와 맞닿는다.

가난한 자가 가난한 것은 자신의 실수와 잘못에 기인하는 바가 분명히 있다. 그렇지만 가난한 사람들은 가난을 대물림받아 가난에서 쉽사리 벗어나지 못한다. 가난할 수밖에 없도록 만드는 구조에 포로가 되어 있기 때문이다. 그렇기에 얼 쇼리스는 가난하게 만드는 구조를 성찰하는 것부터 시작한다.

여기서 쇼리스는 '무력'(force)이라는 개념을 도입한다(5장). 이 용어는 우리말로 번역하기 까다롭다. 무력의 본래 의미는 '강제력'이다. 강제로 무언가를 하게 만드는 힘이다. 그런 점에서 폭력과 같기도 하고 다르기도 하다. 폭력이란 나의 의지와 주장을 실현하기 위해 물리적 힘을 동원하여 타인에게 강제하고 강요하는 것이다. 강제력이라는 의미에서 무력이 반드시 물리적 힘을 수반하지는 않는다. 그러나 폭력과 달리 우리가 정확히 인지하지도 못한 채 우리의 정신과 행동을 결정하고 규정한다는 점에서, 그리고 폭력이 일시적이고 무력은 지속적이라는 점에서 더욱 무섭고 파괴적이다.

가난한 자들은 무력에 포위되어 있다(94-96쪽). 신체적 굶주림, 가난한 자를 근본적으로 멸시하는 타인의 시선, 가정 폭력과 학대, 질병, 비열함과 성급함 등을 자연스럽게 학습하고 내면화한다. 그래서 그들 자신도 가난을 당연시하고 자신을 죄인처럼 여긴다. 불행한 것은 마치 덫에 걸린 짐승처럼, 무력의 포위망에 사로잡힌 가난한 자는 또 다른 무력, 곧 폭력으로 자신의 삶을 더 옭아맨다는 것이다.

대안은 인간다운 방식으로 행동하는 것이다. 인간과 동물이 다른 점은 무엇일까? 인간이 신체를 지닌 한, 동물적 욕구에서 벗어날 수는 없다. 생존을 위한 투쟁은 동물이나 인간이나 하등 다를 바 없다. 그러나 인간이 동물이 아닌 것은 최종적으로 동물과 다른 선택을 해서다(87쪽). 인간은 동물과 같은 무조건 반사가 아닌 조건 반응을 할 수 있다.

누군가가 내게 폭력을 가했을 때, 나 역시 폭력으로 맞대응할 수도 있고, 폭력이 아닌 비폭력적 행동으로 대응할 수도 있다. "너, 걔를 왜 때렸니?"라고 물으면, "그놈이 먼저 날 때렸어요"라고 답한다. 그러나 그 대답 사이에 한 가지 빠진 말이 있다. 나는 나에게 폭력을 가하는 이를 폭력적으로 대응하기로 선택하고 결정했다는 진실 말이다. 무릇 인문학은 외부 자극에 즉각적으로 응수하지 않고, 어떻게 반응할지를 심사숙고하게 하는 것, 바로 생각하는 힘을 길러 준다.

물론, '희망의 인문학'은 낭만적이거나 이상적이지만은 않다. 중도 실패율도 꽤 높고, 선동될 수도 있으며, 머리와 입으로만 지식을 습득하기도 한다(365쪽). 기존 사회가 변화된 그들을 여전히 편견으로 대할 수도 있다. 그런데도 인문학을 공부하는 빈자들은 "시내 중심가 사람들의 정신적 삶"을 직접 경험하고 실행해 볼 때, 가난과 폭력을 대물림하지 않는 자율적이고 주체적인 인간, 공감과 연민, 연대의 삶을 살아 낼 희망을 품는다.

나의 희망의 인문 학교 이야기

미국의 권위 있는 유명 잡지 〈하퍼스〉(Harpers)지의 편집지 얼 쇼리스에게 영감을 준 비니스 워커는 어린아이에서부터 인문학을 시작하자고 했다. "그 문제는 아이들 이야기에서 시작해야 한다"(167쪽). 아이들이 정신적 삶의 가치를 깨닫고 학습하고 자신의 삶을 성찰하는 방식을 몸에 밴 하나의 습관으로 형성하게 되면,

더 이상 가난하지 않을 것이라고 워커는 말했다. 얼 쇼리스가 이 말에서 노숙인을 위한 인문학 운동을 하게 되었듯, 나 역시 워커의 말을 곧이곧대로 따랐다.

대상은 비행 청소년에게 대안 가족과 가정을 경험하게 하는 청소년 회복 센터(정식 명칭은 "청소년 회복 지원 시설") 아이들이다. 비행 청소년들의 아버지, 언제나 그 아이들만을 생각한다고 해서 '만사소년'이라는 별명을 가진 천종호 판사와 협력하고, 후원자들의 지원을 힘입어 몇 년째 인문학 공부를 진행하고 있다.

나 역시 비행 청소년에 대한 선입견이 없지 않았다. 비행을 저지르고, 타인에게 손해를 끼치고, 법질서를 위반했기에 이곳이 있는 아이들이지 않은가. 그들을 어떻게 대해야 할지도 몰랐고, 자칫 잘못해서 그들의 상처를 들쑤시거나 나에게 괜한 위협을 가하지 않을까 염려했다. 그러나 기우였다. 피해자였다가 가해자가 된 불쌍한, 그러나 사랑스러운 아이들이었다.

"이야, 진짜 재밌다!"

희망의 인문학 모임을 마치고 책과 필기도구를 들고 일어서는 한 아이의 입에서 터져 나온 말이다. 처음이었던 거다. 해본 적이 없었고, 할 생각도 없었다. 같은 책을 읽고, 각자 글을 쓰고, 당당하게 발표하고, 우레와 같은 우렁찬 박수를 받고, 자유롭게 토론하는 경험은 난생처음이었다. 학교에 적응하지 못한 아이들이 인문학을 하지 못할 것이라는 통념은 그저 편견일 뿐이다.

"내 고통이 100이라면, 30퍼센트는 씻겨 나갔어요."

한 소녀가 초등학교 저학년 때부터 의붓오빠에게 지속적인 성폭행을 당하고, 나중에는 새 아빠에게도 성폭행과 폭력에 시달린 자신의 과거를 글로 썼다. 글을 쓰면서 정말 많이 울고, 온몸이 맞은 듯이 아프고, 마음을 지탱할 수조차 없을 만큼 흔들리면서도 글쓰기를 포기하지 않았다. 그렇게 힘들게 쓴 다음, 아이가 내게 한 말이다. 인문학이, 글쓰기가 자기를 구원한다.

"나도요, 나도요."

영화 〈프리덤 라이터스〉(Freedom Writers)를 보고 아이들이 자발적으로 자기 삶의 이야기를 쓰겠다고 했다. 다음 주, 아이들이 쓴 글을 읽고 나는 차마 울 수 없었다. 울면 안 되었다. 엄마는 떠나고, 아빠는 방치하거나 폭력적이었고, 불가피하게 조부모와 살게 되었다. 떠나간 엄마가 그립다고, 고개를 푹 숙이고 나지막한 목소리로 말을 한다. 각목으로 기절할 만큼 맞고 또 맞았다는 이야기, 그러다가 자기도 모르게 비행 청소년이 된 아이들.

그 글을 읽고 돌아가면서 소감을 말하는데, "나도 저랬어요", "나도 그랬어요", "나랑 비슷하네요"라는 말들이 연신 터져 나온다. 피해자에서 가해자라는 이중 신분이 된 아이들의 이야기를 들으면서 나는 몸살을 앓았다.

놀라운 것은, 누구에게도 말하지 않고 꼭꼭 숨겨 둔, 부끄럽고 가슴 아린 이야기를 희망의 인문학 시간에는 글과 말로 솔직하게 발설한다는 것이다. 바라고 바라기는, 이 아이들의 삶이 읽을 만한 글이 되고, 책이 되면 좋겠다. 해서, 차곡차곡 글을 모아 두고 있다. 언젠가 책으로 꼭 만들어 줄 테다. 그래서 막 산 대로 사는 것이 아니라, 글 쓴 대로 살아 내기를 소망한다.

본 것이 없는 아이들, 보고 싶지 않은 것만 본 아이들, 이 아이들에게 다른 것, 새로운 것, 참된 것을 보여 주고 싶다. 그러기 위해서 책을 읽고, 글을 쓰고, 영화를 보고, 작가를 만나는 인문학을 기반으로 다양한 문화를 경험하고, 다른 세상을 살도록 하는 일이 희망의 인문학 운동이다. 그리하여 남들에게 들려줄 이야기가 있고, 들어 줄 이야기가 있는 아이들이 될 것이다.

교회에서 인문학을 가르쳐야 한다고요?

교회에서 인문학을 불온시 여기는 경향 탓에, 인문학자들 중에는 교회를 불편해하는 이들이 있다. 교회에서 맹목적 순종을 강요한다며, 인문학과 자연 과학을 기독교 신앙에 대한 도전으로 여긴다며 교회의 반인문학적, 비과학적 행동에 화를 내고 이제는 신경질과 짜증을 내기도 한다. 양자 모두 기독교의 인문학적 힘을 과소평가한다.

반면, 얼 쇼리스는 다른 어떤 단체보다 교회가 가난한 자를 도와 인문학적으로 성찰하는 법을 가르치는 대표적 기관이라고 말한다. 빈민과 관련해서 "교회의 가장 중요한 기능은 인문학을 가르치는 것이다"(181쪽). 우리는 가난한 자를 그저 수혜와 구제의 대상으로 보기 쉽다. 그러나 그들 스스로 도움을 받던 자리에서 도움을 주는 자리로 이동하도록 해야 한다. 물고기를 주지만, 잡는 법도 가르쳐 주어야 하듯.

복음서에서 보듯이 우리 주님 예수께서는 하나님 나라가 가난한 자의 것이며, 그들이 그 나라의 주역이 될 것이라 하셨다. 경제적 필요만 채워 주는 것이 아니라 그들이 이 세계에서 독립된 주체로 살도록 하는 것이 복음적 사역이자 선교다.

나는 무엇보다 교회에서 성경을 가르치는 것이 곧 인문학을 가르치는 것이라 확신한다. 성경을 어디 인간이 쓴 인문학 책으로 폄하하느냐고 나무랄지 모르겠다. 그러나 나는 성경을 읽고 배우는 것이 인간을 하나님의 형상답게 회복시키는 최고의 대안이자 해결책이라고 믿어 의심치 않는다. 그런 점에서 "종교는 대체로 사람들을 성찰하는 삶으로 이끄는 역할을 해왔다"(182쪽).

나는 교회가 이 시대의 희망이라고 믿는다. 비록 현재의 교회가 성경의 가르침에서 멀리 벗어나 있고, 우리의 기대와 소망과 다른 모습을 보여 주더라도 여전히 교회는 희망이다. 그 교회는 성경을 가르치고 배우는 곳이다. 성경을 제대로 읽기만 한다면, 어느 인문학 고전 못지않다. 실제로 성경을 읽고 변화된 무수한 증인 중 한 사람이 바로 나다.

교회라는 공동체적 배경 안에서 성경을 읽고 토론하고 글을 쓰는 방식의 성경 공부를 진행한다면, 그것이 바로 이 책에서 말하는 인문학적 정신과 방법과 일치한다. 일반 고전만이 아니라 기독교 고전과 영성 고전을 읽게 하고, 모든 책의 기준이 되는 경전, 곧 성경을 읽게 하는 것, 성경으로 생각하고 세상을 바라보는 세계관을 습득하게 하는 것, 그 일을 교회가 할 때, 교회는 희망이다.

함께 읽을 책

- 「희망의 인문학」은 얼 쇼리스만의 이야기도, 미국에서만 있었던 과거사도 아니다. 얼 쇼리스는 「인문학은 자유다」(The Art of Freedom, 현암사 역간)에서 '희망의 인문학'이 미국뿐 아니라 아시아와 아프리카에 이르는 전 세계로 확산되는 이야기를 들려준다. 얼 쇼리스의 두 책은 나와 당신을 저 삶의 이야기로 부르는 초대장이다. 거절하지 말기를!

- 인문학이, 그리고 읽고 쓴다는 것이 적어도 한 사람, 그것도 노숙자만이 아니라 위기 청소년의 삶을 바꾼다는 인식을 심어 준 영화가 있다. 힐러리 스웽크 주연의 〈프리덤 라이터스〉로, 이 영화는 실화를 바탕으로 만들어졌다. 사회가, 학교가, 교사가 포기한 아이들이 안네 프랑크의 일기를 읽고, 그들 자신도 일기를 쓰면서 변화되는 과정과, 교사의 눈물 어린 희생적 삶이 매우 감동적이다. 「프리덤 라이터스 다이어리」(The Freedom Writers Diary, 알에이치코리아 역간)라는 제목의 책으로도 출간되었다.

- 인문학은 노숙자나 위기 청소년만 변화시키는 것이 아니다. 인문학이 '감옥 안의 감옥' 이라는 독방에서 '가석방 없는 종신형'을 살고 있는 무기수를 바꾼 이야기가 있다. 로라 베이츠의 「감옥에서 만난 자유, 셰익스피어」(Shakespeare Saved My Life, 덴스토리 역간)다. 셰익스피어를 읽는 법을 배우는 과정을 통해 영문학 교수와 죄수의 내면세계를 들여다보는 재미를 선사한다. 인문학이 종이와 활자로만 존재하는 것이 아니라 활어처럼 펄펄 뛰는 생동감 넘치는 힘을 품고 있다는 생생한 증거다. 인문학이 있어야 할 자리인 낮은 곳을 잃으면 인문학은 죽고 만다는 진실을 일깨운다.

4장

경건하다는 것

플라톤의 「에우튀프론」 읽기

그는 경건한가?

살인죄로 고발했다, 아버지를, 그것도 아들이. 실은 살인자가 죽는 것을 방치한 죄다. 그 살인자는 술에 취해 그만 아버지의 식솔을 죽인 자다. 분노한 아버지는 이 살인자를 꽁꽁 묶어 포박하고 세찬 바람 부는 곳에 두고는 그를 어떻게 처치해야 할지를 묻기 위해 사제에게 사람을 보낸다. 답을 갖고 오기도 전에 그는 굶주림과 추위를 견디지 못하고 죽고 만다.

이야기는 갈수록 예상치 못한 지점으로 흘러간다. 아들은 아버지를 고발한 자신의 행동이 정의롭다 못해 경건이라고 주장했기 때문이다. 신은 정의롭기에 불의한 일을 묵과하지 않으며, 그것을 방관하는 것은 신에 대한 불경이라고 확신한다. 그가 누구든 간에 사람이 죽도록 방치한 것은 정의로운 신에게 벌 받을 짓이다. 무릇 경건한 신자라면, 신에 대한 오만불손한 행동에 대해 그저 눈살을 찌푸리는 것만으로는 부족하다.

이 이야기의 주인공은 신에 합당한 경배의 일환으로, 신에게 불경을 저지른 자를 벌하는 것은 설령 그가 제 몸을 낳아 준 아버지일지라도 예외일 수 없다는 확고한 신념을 지니고 있다. 가족과 주변 친구, 친척들까지 나서서 나무라고 달래도 요지부동이다. 결국 이 경건한 사람은 아버지를 친히 고소하기 위해 수도인 아테네로 올라왔다.

이게 웬일인가. 사람답게 살자면 언제나 생각해야 하고, 생각해야 자신을 안다고, 참으로 훌륭한 삶, 덕스러운 삶을 살려면 참된 자기 인식을 얻기 위해 자기 자신마저도 성찰의 대상에 올려놓고, 흔들어 보고, 뒤집어 보고, 다시 보는 일련의 사유를 거쳐야 한다고 주장하는 소크라테스 선생을 법정 뜰에서 만났다. 그러니 놀랄 밖에.

아버지를 불경죄로 고발하러 온 에우튀프론. 새로운 신을 만들고 기존의 신을 믿지 않으면서 아테네의 젊은이를 타락의 길로 이끈다는 고발을 당해 법정에 출두한 소크라테스. 그의 죄명 역시 불경죄이니, 한 사람은 불경죄를 고발한 자, 다른 한 사람은 불경죄로 고발당한 자. 이들의 운명적 조우를 통해 과연 경건이 무엇인지, 경건의 이름으로 아들이 아비를, 시민이 시민을 고발하는 것이 타당한지 따져 보게 된다. 과연 경건이 무엇일까? 에우튀프론은 경건한 사람인가?

경건이란 무엇인가

나는 두 사람의 대화를 일일이 복기하고 싶지는 않다. 플라톤(Plato, BC 427?-347?)의 「에우튀프론」(*Euthyphron*, 이제이북스 역간)은 우리말 번역본으로 고작 서른 쪽이다. 차라리 그걸 읽는 편이 훨씬 낫다. 두 개의 번역본을 번갈아 읽을 때마다 나도 모르게 혀를 끌끌 차고 있다. '아니, 생사를 가르는 시점에 경건의 개념 정의를 놓고 한가하게 토론이나 벌이다니, 한심하군, 한심해. 역시 소크라테스답군.' 경건의 실천을 중시하는 기독교 맥락에서는 대화가 난해하기보다는 현실과 동떨어진, 매우 피상적이고 추상적인 토론으로 읽힌다.

경건에 대한 자신감이 철철 넘치는 에우튀프론, 아버지를 살인자로 고발하는 것이 신에 대한 경건이라는 신앙적 열정의 소유자 에우튀프론은 소크라테스를 불경죄로 고발한 일군의 무리와 무엇이 다를까? 소크라테스는 자신의 적대자와 마주한 것과 진배없고, 고소인과의 논쟁을 통해 자신의 정당성도 확보해야 한다. 경건이란 도대체 무엇이기에, 죽음이 멀지 않은 이 늙은 70대에게 독배를 먹이려 드는 것인가? 소크라테스는 그것을 알고 싶고, 알아야만 한다. 그래서 따져 묻는 것이다.

경건이란 본시 아우구스티누스의 시간에 대해 말한 것처럼, 아주 잘 알고 있다가도 그게 뭐냐고 정색하고 물으면 오리무중에 빠져드는 개념이다. 그러니 경건이 무엇인지도 모르면서 타인을 불경건하다고 비방하는 것은 주님이 십자가에서 하신 말씀과 일치한다. "저들은 저들이 하는 짓을 알지 못한다"(눅 23:34 참조). 영적 무지와 오해가 예수를 죽이고도 아무런 죄책감을 느끼지 못할 뿐 아니라 하나님을 위해 마땅히 해야 할 일을 했다고 뻐기게 하지 않았던가. 예수 죽이는 일이 경건이다, 바리새인들에게는.

그들에게 경건이 무엇이냐고 물으면 에우튀프론의 말과 하나도 다르지 않을 것이다. 지금 내가 하는 일이 경건이라고. 살인과 같은 크고 중한 죄에서 신성한 것을 훔치는 일에 이르기까지 잘못을 저지른 자(그가 아버지든 어머니든 상관없다), 그들을 고소하는 것이 경건이고, 고소하지 않는 것은 불경건이다. 이것이 에우튀프론의 논리다.

소크라테스는 '캐묻지 않는 삶은 살 가치가 없다'라는 평상시 지론을 따라 에우튀프론으로 대표되는 종교인들에게 자신이 믿는 바를 반성해 볼 것을 촉구한다. 실제로 에우튀프론은 자신을 예언자로 소개한다. 그러나 예언과 예언자에 대한 사람들의 조소와 비난을 견디지 못한다. 대중에 대해 인색과 시기심을 감추지 않는다. 그는 일반 대중을 은근히 무시하고 경멸하는 전문 종교인이며, 자기 신앙을 철두철미하게 밀어붙이는 근본주의적 종교인의 전형이다.

그 점은 이름에서도 확인된다. '에우튀프론'(Euthyphron)은 이 작품에 딱 맞는 이름이다. '에우튀'(euthys)는 '곧다', '직설적이다'라는 뜻이고, '프로네인'(phronoin)은 '생각하다'라는 뜻이다. 그러니까 에우튀프론은 '일직선으로 생각하는 사람'이다. 좌우를 분변하지 못하고, 앞과 뒤를 재보지도 않고 곧이곧대로 생각하는 사람이다. 융통성이라고는 눈곱만큼도 없다. 좀 더 나아가면 인정머리라고는 눈 씻고 봐도 없는,

종교적 신념을 맹목적으로 적용하려는 과격한 예언자다.

이런 극단주의자에게 무엇보다 필요한 것은 자기 성찰일 것이다. 자신이 하는 행위가 과연 신앙하는 바, 그 신의 본성과 성품에 부합하는지를 근원으로 몰아붙여서 다시 시작하도록 길을 열어 주는 것이 철학의 역할이리라. 그 지점을 소크라테스는 끈덕지게 파고든다. 아버지와 싸워 최고의 신이 된 제우스에게는 경건하다 칭찬받겠지만, 아들에 의해 퇴위된 크로노스에게는 미움받을 짓이 아니겠느냐는 반문에 에우튀프론은 말문이 막힌다.

아, 이 지점에서 다신적 세계관의 소크라테스와, 유일 신앙인 우리 기독교의 차이가 적나라하게 드러난다. 그들의 신은 서로 싸운다. 그렇다면 어느 신을 편들어야 할까? 어느 신의 비위를 맞추어야 분노를 사지 않고 평안한 삶을 살까? 허나, 한 분 하나님의 뜻이 무엇인지는 명약관화하다. 그 뜻대로 살고 싶지 않은 욕망에 사로잡히는 것이 문제다. 아무튼, 경건에 관한 한 전문가라고 으스대는 에우튀프론은 대화가 끝나기도 전에 자신을 붙잡는 소크라테스를 내동댕이치고 허겁지겁 달아나 버린다.

욥은 경건한가?

성경에서 경건에 관해 따지기 좋아한 대표 인물은 욥이리라. 하나님에 의해 가장 경건한 사람으로 지목된 그는 신앙을 테스트받는다. 혹독한 시련 중에 욥은 온갖 말로 신앙을 부정하는 듯하다. 태어난 것 자체부터 저주하질 않나, 하나님이 아무 잘못 없는 자신을 가혹하게 대한다고 거친 말로 대들기 일쑤다.

그 말에 화들짝 놀란 친구들은 하나님의 의로우심을 변증한다. 변증의 핵심은 '죄인 만들기'다. '의로우신 하나님이 아무 까닭 없이 욥에게 고난을 주실 리 없다, 너에게는 우리가 알지 못하는 그런 죄가 있을 것이다, 그러니 너는 회개하라'며 다그치고 닦달한다. 그들은 한 번도 하나님과 고난의 어긋남에 관해 고민해 본 적이 없다. 신명기 역사관에 근거해서 복 받으면 순종한 것이고, 벌 받으면 순종하지 않은 것이다. 이 공식이 자명하게 적용되지 않는 현실은 차라리 부정해 버린다. 그 결과 새롭게 역사하시는 하나님의 자유마저 부정한다. 친구들은 하나님을 옹호하다가 하나님을 부정하는 모순에 빠진다.

하지만 욥은 자신이 죄인인 것은 맞지만, 이토록 고난받아야 할 죄를 지은 적은 없다고 항변한다. 자신이 그간 사랑한 하나님에 대해 깊이 회의하고 성찰하며 논쟁하는 시간을 보낸다. 그 결과, 그는 살아 계신 하나님을 생생하게 경험한다. 이전에 알던 하나님, 고착되고 고정된 하나님이 아니라 지금도 말씀하시는 인격적인 하나님을 제 눈으로 직접 목격한다. 친구들이 볼 수 없는 하나님을 기어이 보고야 만다.

욥기를 읽을수록 욥의 말은 틀리고 친구들 말이 죄다 옳은 것 같은데, 결과는 정반대다. 왜 그럴까? 소크라테스식으로 말한다면, 경건에 대한 성찰 여부가 그들을 갈랐다. 에우튀프론은 욥의 친구들과 닮았다. 자신이 믿는 신에 대해 하등의 성찰을 하지 않는다. 소크라테스가 질문할수록 확고부동하다고 여긴 것들이 미궁에 빠지고, 미로를 헤맨다. 믿는 바에 관해 대답할 것을 준비하지 않은 것이다(벧전 3:15).

최고의 기독교 작가라는 칭호가 아깝지 않은 도스토옙스키의 인간 이해가 생각난다. 그는 인간을 속 시원하게 이분법으로 구분한다. 선인과 악인이다. 그러나 도덕적 선인과 비도덕적 악인일 거라 지레짐작하면 오산이다. 그가 말하는 선인은 참회하는 인간이고, 악인은 참회할 줄 모르는 사람이다. 무릇 인간이란 죄를 짓게 마련이다. 날 때부터 뼛속 깊이 죄인이다. 그런 죄인 스스로 죄인인 줄 알고 회개한다면 그는 하나님의 은총의 세계에 들어간다.

욥은 기존에 알던 하나님과 다른 하나님을 만났을 때, 자신의 신앙을, 아니 하나님마저 회의하고 핏대를 세워 가며 따진다. 그래서 그가 옳은 것이다. 그리스의 신들은 자신에게 대드는 인간을 벌주지만, 우리 하나님은 당신에게 대드는 욥을 의롭다 칭찬하시고, 싸움질하는 야곱에게 넌지시 져 주시는 분이다. 나는 그런 하나님이 참 좋더라.

경건을 이용하지 않기

우리 주님도 바리새인들이 하나님을 온전히 섬

기겠다는 이유로 켜켜이 축적해 온 전통이라는 명분을, 하나님 신앙에 맞지 않다고 신랄하게 비판하신다. 바리새인들은 하나님을 섬긴다는 그럴듯한 명분만 있으면, 다른 모든 것을 허용했다. 심지어 부모를 섬기기 위해 사용되어야 할 것도 '고르반'이라는 한마디 말만 던지면, 부모 봉양에서 면제받았다. 과연 오롯이 하나님을 위해 사용되었을까?

십계명의 중추인 "네 부모를 공경하라"는 다섯째 계명을 버젓이 어기면서도 그들은 진심으로 하나님을 섬긴다고 자부하던 터. 그러니 이면의 위선을 까발리는 예수가 눈엣가시다. 무엇이 중한가? 덜 중요한 전통으로 더 중요한 십계명을 일거에 무너뜨리는 행동이 결코 경건일 수 없건만 바리새인들은 경건의 이름으로 하나님을 신앙하지도 않고, 자신의 욕심을 채우기에 급급한 것이다.

소크라테스도 이 점에 의구심을 드러낸다. 거듭거듭 경건의 정체를 정색하고 따지는 통에 에우튀프론은 몇 번이고 경건이란 이런 것이다, 저런 것이다 하고 진땀을 흘리며 설명하기 바쁘다. 그 와중에 그가 제시한 경건의 네 번째 정의는 '신들을 보살피고 섬기는 기술'이라고 해명한다. 보살피고 섬긴다는 것이 무엇을 말하는지 재차 묻자, 그는 신들을 흡족하게 하려고 제사와 기도를 바치는 것이라고 답변한다.

여기에 만족하면 소크라테스가 아닐 터. 그는 재차 묻는다. 제사와 기도란 뭔가? 제사란 신들에게 무언가를 바치는 것이고, 기도는 무언가를 달라는 것이 아닌가? 에우튀프론은 넙죽 동의한다. 그러자 소크라테스는 모든 화력을 동원한 반격을 가한다. "그렇다면 그것은 상거래군요"(87쪽, 14e). 무언가를 얻기 위해 신들을 달래고 어르는 하나의 수단이 경건이 되고 만 것이다.

경건으로 사랑하기

에우튀프론의 신앙의 위험성은 반성하지 않음에 있다고 했다. 그것이 낳은 큰 위험성은 폭력이다. 폭력을 거칠게 정의하면 자신의 의지를 타인에게 물리적으로 강제하는 것이다. 내가 옳다고 여기는 것을 상대방의 의사와 무관하게 일방적으로 강요한다. 그것이 폭력이다. 에우튀프론은 자신이 생각하는 경건의 기준에 맞추어 아버지와 아버지의 행동을 재단한다. 자기 기준에 맞지 않으니 아버지를 즉각 살인죄로 기소한다.

나는 신앙과 폭력의 관계를 생각할라치면, 파블로프의 개처럼 다메섹 도상의 바울이 떠오른다. "메시아를 참칭하는 그리스도는 십자가에 못 박혀 죽어 마땅하고 그의 가르침을 전하는 스데반은 돌에 맞아 죽어도 싸다. 그것은 신성 모독이고, 내 하나님에 대한 모독은 죽음으로 되갚아 주어야 한다. 그것이 내 하나님이 기뻐하는 일이고, 하나님을 위한 열심이다." 그리 철석같이 믿었다.

그런데 하늘에서 음성이 들렸다. 유대인의 세계관에서 하늘의 음성은 곧 하나님이다. 그 하나님이 입술이 부정한 바울에게 말씀하신다. "나는 네가 핍박하는 예수다"(행 9:5, 새번역). 예수는 바울이 그토록 사랑하는 하나님이고, 바울이 못 죽여 안달인 '그들의 하나님'이었다. 이 말에 바울은 짧은 순간이나마 미쳐서 돌아버렸을 것이다. 자신이 하나님을 위해(for) 행한 것이 하나님에 반하는(against) 일이었고, 그것도 무참하게 죽이고 짓밟았으니, 터가 무너진 것과 다를 바 없다.

경건이란 뭘까? 나는 경건을 히브리어나 헬라어보다 영어로 설명하는 것을 좋아한다. 'Godlike'다. 저 단어는 하나님이라는 'God', '좋아하다' 또는 '……처럼'을 뜻하는 'like'가 결합한 것이다. 뜻으로 보자면, '하나님을 좋아하는 것', '하나님처럼 되는 것'이다. 하나님을 좋아하면 하나님을 닮아 가고, 하나님을 닮게 되면 하나님이 좋아진다. 하나님을 좋아하고, 하나님이 좋아하는 것을 좋아하는 것, 그것이 경건이라면, 하나님을 사랑하고, 이웃을 사랑하는 것이 경건이다.

다메섹 이전의 바울이 신앙을 위해서 누군가를 죽여도 되고, 그것이 경건한 신자의 마땅한 의무라고 여겼다면, 다메섹 이후의 바울은 신앙이란 모름지기 나 아닌 다른 사람을 사랑하는 것이며, 나를 위해 남을 희생하는 것과는 정반대로 남을 위해 나를 희생하는 것이라고 확신한다. 바울은 율법을 따라 사는 길은 이웃 사랑이라고(갈 5:14) 말한다. "사랑은 이웃에게 악을 행하지 아니하나니 그러므로 사랑은 율법의 완성이니라"(롬 10:10). 그 이후, 십자가에 못 박는 삶에서 십자가에 못 박히는 삶을 살았다, 경건한 바울은 말이다.

함께 읽을 책

- 철학에 대한 고정 관념 중 하나가 어렵다는 것이다. 그리 틀린 말은 아니다. 칸트나 헤겔, 하이데거, 비트겐슈타인 등의 책을 마음먹고 펼쳤다가 다시 덮은 이가 얼마나 많은지. 그러나 플라톤의 초기 단편들은 대화로 되어 있는데다 분량도 길지 않아 일반 독자라도 충분히 도전해 볼 만하다.

플라톤의 초기 대화편으로 네 작품이 있다. 내가 다룬 「에우튀프론」과 그 유명한 「소크라테스의 변론」, 그리고 「크리톤」과 「파이돈」이다. 기독교인이라면 「파이돈」을 권한다. 예수의 죽음과 부활에 대해 기독교적 세계관과 확연히 대조되는 소크라테스의 생각 또는 희랍적 세계관을 엿볼 수 있다. 죽음을 몸으로부터의 탈출로 보는 소크라테스와, 죽음을 '몸의 죽음'으로, 부활을 '몸의 부활'로 보는 기독교적 세계관의 갈등 구조가 잘 대비된다.

대중적으로 가장 잘 알려진 작품은 「소크라테스의 변론」일 것이다. 아테네를 지배하는 당대 유명 인사들에게 끊임없이 묻고 또 물어대는 소크라테스는 귀찮기가 마치 '등에' (gadfly)와 같다. 정치가에게 정의가 무엇이냐고 끝까지 따져 물어서 그가 결국 아는 것이 없다는 것을, 그러면서도 아는 척한다는 것을 대중 앞에 적나라하게 까발린 죄가 그가 죽어야 할 이유였다.

「크리톤」에서는 탈옥을 권유받은 소크라테스의 국가와 법 이해 등이 잘 나타난다. 아, 한 가지 짚고 넘어가자면, 소크라테스는 "악법도 법이다"라는 말을 한 적이 없다. 그러나 자신을 낳고 먹이고 기른 국가를 저버릴 수 없다고 한 데서 그의 국가와 법 이해가 보수적이라는 것을 짐작할 수 있다.

놀랍게도 당시 소크라테스가 싸운 정치인들은 민주정이었고, 소크라테스는 참주정에 참여한 이들과 친했다. 그러하기에 민주적, 진보적이라고 자처하는 이들은 소크라테스처럼 자기 자신을 성찰의 대상으로 삼고 자신의 신념을 절대화하지 말 것을 배워야 할 것이다. 소크라테스를 악당화해서는 안 되겠지만, 세상이 왜 이러한지를 질문하고 답변을 기대해야 할 '형'은 아닌 것 같다.

박종현 교수가 번역한 「플라톤의 네 대화편」(서광사 역간)과 정암학당에서 번역하고 있는 "정암고전총서 플라톤 전집"(아카넷 역간)에 이 네 편이 모두 수록되어 있다. 박종현 교수의 역본은 속으로 낭독하면 귀에 들리는 듯 생생한 맛이 있지만, 직역에 가까워서 몇 번을 읽어야 할 때가 있다. 정암학당의 역본은 상세한 각주와 해설을 통해 폭넓고 깊게 읽을 수 있다. 허나, 외려 방해가 될 수도 있다. 선택은 오로지 독자의 판단에 맡긴다.

- 경건에 관한 최고의 말씀은 야고보의 편지다. 사도는 경건하기 위해서는 '피해야 할 것'이 있다고 말씀하셨다. 바로 세상을 본받지 않는 것이다. 8장 "복종한다는 것"에서도 인용한 바 있는 「종교가 사악해 질 때」(현암사 역간)에서 저자 찰스 킴볼은 종교 자체가 악하다는 전투적 무신론자들의 주장에 동의하지 않는다. 다만, 다섯 가지 징후가 보이면, 바로 그 시점부터 그 종교와 단체는 점차 악에 물들어 가는 것이라고 말한다. 좋은 신앙과 건강한 교회가 무엇인지는 말할 수 없어도, 이 다섯 가지만 있으면 적어도 불건전한 신앙과 나쁜 교회는 가려낼 수 있을 것이다. 다섯 가지 중 두 번째는 8장에서 다룰 것이기에 살짝 귀띔하자면, '맹목적 복종'을 강요하는 것이다. 나머지 네 개는 뭘까?

- 야고보 사도는 경건에 이르는 길에서 피해야 할 것과 함께 '추구해야 할 것'도 말씀하셨다. 악을 피한다고 선해지지 않는다. 다만 악해지지 않을 뿐이다. 선을 행해야 선해진다. 종교적 경건과 사회적 실천을 두루 겸비한 저자와 책이 많지 않다. 그래도 로날드 사이더와 짐 월리스가 있어서 다행이다. 「가난한 시대를 사는 부유한 그리스도인」(*Rich Christians in an Age of Hunger*, IVP 역간)의 저자인 사이더는 평화 운동 현장가이자 조직가이면서 탁월한 이론가이기도 하다. 그의 책은 전부 읽기를 권한다.

경건과 관련해서는 짐 월리스의 책을 추천한다. 사이더가 평화 운동이라는 현장에서 활동하는 학자라면, 월리스는 빈민과 함께하는 활동가요 저술가다. 정치 참여도 활발하고 영향력도 상당하다. 버락 오바마의 정치적 멘토 중 한 사람이었으니까. 월리스의 매력이자 장점은 오순절적인 열정적 신앙, 복음주의적 경건 전통, 진보적인 사회 참여 전통이 한데 잘 섞여 있다는 것이다. 사이더와 마찬가지로 월리스의 전 작품 역시 일독을 권한다.

여기서는 「회심」(The Call to Conversion, IVP 역간)을 추천한다. 회심과 경건의 관계가 약간 생뚱맞다 싶을 텐데, 개인적이고 내면적인 구원과 회개를 넘어 하나님 나라 관점에서 사회적인 회심도 포함하는 드넓은 시선을 확보하지 않는 한, 우리의 경건은 언제까지나 사적인 공간에만 머물러 있을 터. 조심하라. 이 책을 읽고 진짜 회심할지도 모르니.

- 경건에 개인적 차원과 사회적 차원이 고루 존재한다는 것만으로는 부족하지 싶다. 경건하다고 하지만, 그 경건의 실체가 욕망인 경우가 얼마나 많은가. 그리고 그 욕망을 질타하는 이도 상당히 많다. 그렇다고 욕망을 제거하라는 데서 시작한다면 우리의 경건은 계속 그 자리에서 맴돌 것이다. 엄연히 존재하는 실체를 인정하고, 살살 달래어 다독이면서 조금씩, 아주 조금씩 이기적인 욕망을 줄이고 타인을 위한 삶으로 승화하도록 유도해야 한다.

쑥스럽지만 그래도 자신 있게 나의 책 「내 안의 야곱 DNA」(죠이북스 펴냄)를 추천한다. 이 책은 야곱 이야기를 통해 우리 안에 영적이고도 세속적인, 거룩하고도 속물적인 이중성이 존재한다는 점을 추적한다. 그렇게도 복을 보채던 야곱이 복을 주는 자, 곧 창세기 12장 1-3절을 실현하는 자가 된다. 그 여정에서 야곱이 겪은 두 번의 결정적 전환점과, 단기간이 아니라 오랜 과정을 거쳐 변화가 일어난다는 점을 기억하면 좋겠다.

5장 # 종교를 가진다는 것
칼 마르크스의 「헤겔 법철학 비판 서문」 읽기

나의 스무 살

대학에 갓 입학한 나의 호기심을 자극하는 것은 두 가지였다. 연애와 데모. 어촌 구석에서 살았던 나는 대학에 가면 '미팅'을 꼭 하고 싶었다. 통기타 메고 청바지 입고 머리카락 덥수룩하게 기르고 술 한잔하는 것을 낭만으로 여기는 때였고, 장계현이 노래한 〈나의 20년〉 흰 구절처럼 "커피를 알았고 낭만을 찾던 스무 살 시절"이 아닌가 말이다.

직접 해보고 싶던 미팅과 달리, 데모는 그저 구경만 하고 싶었다. 무섭고 나쁜 사람들일 텐데, 나는 그 무리에 끼고 싶지 않았다. 화염

병과 최루탄이 난무하는 캠퍼스 모습을 텔레비전 화면에서 종종 보았기에 왜 하는지 궁금했다. 어째서 위험한 일을 자초하는지 이해할 수 없었다.

가난한 대학생이니, 공부해서 장학금 받고 고생하는 어머니와 가족을 위해 좋은 직장에 들어가야 했고, 예수를 믿는 기독 청년이니, 하나님도 모르고 국가의 권위를 거역하는 학생 운동권 근처에는 얼씬도 하지 말아야 했다. 허나, 이러저러한 경로를 통해 알게 된 80년 광주의 진실은 나를 뒤흔들었다. 불행한 한국 근현대사를 공부할수록 슬픔은 깊어졌고, 분노만 차올랐다.

농민과 도시 빈민, 노동자들과 가난하게 사시는 어머니의 얼굴이 포개졌다. 내가 읽은 성경은 내게 말해 주었다. 이웃을 사랑하라고. 성경 어디를 펼쳐도 가난한 자, 가슴 아픈 자, 약한 자, 소외당하는 자를 사랑하라는 말이 없는 곳이 없으니, 나의 일신을 위한답시고 그 고단한 현실을 차마 외면하지 못했다. 하나님을 사랑한다는 것은 이웃을 사랑한다는 말과 다르지 않다. 동일시할 수 없지만, 이웃 사랑으로 나타나지 않는 사랑은 사랑이 아니다. 언제부턴가 나는 데모 대열에 합류해 있었다.

당시 운동권 친구들은 기독교에 상당히 부정적이었다. 놀라운 것은 그들의 절반 가까이가 어려서부터 교회에 다녔거나 부모님이 독실한 신도라는 점이었다. 나는 그들이 어려서 배운 기독교 신앙이 불의를 참지 못하게 했을 것이라 믿는다. 그리고 자신이 배운 것과 달리 기독교 신앙이 불의에 편승하는 기득권의 종교로 보였기에 기독교를 떠났다고 생각한다.

나는 죽어도 예수를 떠날 수 없었고, 결코 교회를 버릴 수 없었다. 아침에 일어나 성경을 읽지 않으면 밥도 먹지 않았다. 시골 교회라서 누구도 성경을 가르쳐 주지 않아 몹시도 답답했던 내게 경건의 시간(Quiet Time)은 성경을 읽는 최고의 방법이고 통로였다. 하숙 생활이라 제때 식사하지 못하면 식어 빠진 남은 음식을 먹어야 했다. 내 영혼의 양식을 먹을까, 내 육체의 양식을 먹을까 고민하지 않은 것은 아니지만, 나는 확고했다.

그 당시 나의 화두는 "'복음의 진리'와 '역사의 진실'이 왜 하나가 아니고 둘인가?"였다. 인류를 구원하는 골고다의 십자가를 따르는 사람들이 왜 이 땅에서 고난의 십자가를 지고 가는 민중을 외면하는지 알기 어려웠다. 분단과 독재와 싸우면서도 하나님 나라의 비전을 왜 그리 간편하게 무시하는지도 이해할 수 없었다. 교회 가면 데모한다고 형들이 나무랐고, 운동권 친구들은 교회 다닌다고 조롱했다. 둘 사이에서 나는 부초처럼 떠다녔다.

아니, 마르크스라고?

그런 내게 칼 마르크스(Karl Marx, 1818-1883)의 종교 비판은 넘지 않으면 안 될 산이었다. 종교는 혁명의 타도 대상이라는 운동권 친구들의 말을, 종교가 민중의 아편이라는 마르크스의 말을 나는 절대로 수용할 수 없었다. 예수께서 외치신 하나님 나라는 그런 것이 아니지 않은가. 그래서 마르크스의 저작 대부분을 읽었다. 다른 누구도 아닌 그에게서, 종교에 관한 가장 비판적 사상가인 그에게서 종교의 희망과 근거를 찾아야 한다고 믿는다. 그래서 마르크스를 읽었다.

그렇지만 기독교인들에게 마르크스의 이름은 불온하기 그지없다. 동과 서가 먼 것처럼 적대적이다. 그런 마르크스를 호출해서 읽자는 것이 온당한 걸까? 현존 사회주의 붕괴와 소련의 해체로 종결된 마르크스를 재론하는 것은 죽은 사무엘을 불러내는 사울의 마지막 몸부림에 지나지 않은가? 마르크스는 무대에서 연기를 끝내고 퇴장하지 않았는가? 또 사회주의 국가에서 광범위하게 전개되는 폭발적인 종교 현상은 마르크스의 종교 소멸론을 완전무결하게 무장 해제하기에 충분하지 않은가? 마르크스를 말한다는 것은 철 지난 옷을 꺼내 입는 시대착오적 발상이 아닌가?

절대적 교리 체계로 자신을 고양한 마르크스주의는 비신화화되어야 한다. 마르크스주의는 유일한 체계(the system)가 아니라 하나의 방법론(a system)으로 새로이 자리매김하여야 한다. 그럴 때, "왜 하필 마르크스냐?"와 "왜 하필 마르크스만 안 된단 말이냐?"라는 낮은 수준의 갈등은 해소될 수 있으리라. 많고 많은 사상가 중 한 사람으로 읽으면 된다. 읽고 배울 게 있으면 배우고, 비판할 거리가 있으면 비판하면 그만. 굳이 읽으라고 강요할 것도 아니다.

비판 서문은

　　　　　　　　　내가 마르크스의 종교 이해를 위해 꺼내 든 글은 「헤겔 법철학 비판 서문」(Zur Kritik der Hegelschen Rechtsphilosophie. Einleitung)으로, 스물다섯의 마르크스가 쓴 초기 저작이다. 저널리스트다운 현란한 언어와 문장의 남용도 엿보이지만, 위대한 사상가가 될 면모를 유감없이 발휘한 명문장이 가득한 짧은 글이다. A4 7장 남짓한 소품이며, 제목과 달리 독자적인 글이다. 헤겔의 법철학을 비판하는 책을 썼고, 후에 그 책의 서문을 써 달라는 요청을 받아 쓴 글이라 무관하지 않지만, 독립적인 작품이다.

독일에서 〈라인 신문〉(Die Rheinische Zeitung)의 편집장이었던 그는 프로이센 정부를 향한 날 선 비판으로 명성을 얻은 동시에 정부로부터 감시와 위협을 받는 처지가 되었다. 하여, 프랑스 파리로 망명한 마르크스는 단 한 번 발행된 〈독불연보〉(Deutsch-Französische Jahrbücher)라는 잡지에 두 개의 글을 기고한다. 하나는 유태인 문제에 관한 것이고, 다른 하나가 바로 이 서문이다.

1843년 6월에 결혼하고 신혼여행을 다녀온 직후부터 쓰기 시작한 것으로 보인다. 이 글은 1844년 봄에 발표되었다. 이후 두 번이나 수정하려 했으나 계획대로 되지 않았다. 그가 죽은 1883년 이후에는 잠시 묻히는가 싶더니 1922년에 재발견되어 1927년에 정식으로 출판되는 우여곡절을 겪었다.

마르크스가 종교에 관해 남긴 글은 그리 많지 않다. 유대인이었고 기독교 국가에서 성장하였기에 기독교의 언어를 은유로 종종 사용하였지만, 체계적이고 일관된 글을 남긴 적이 없다. 종교에 관해 가장 많은 말을 한 것이 아마 이 '서문'일 것이다. 다른 저술에서도 드문드문 종교에 관해 말했지만, 파편적이고 단편적이다. 그러므로 이 사실이 우리에게 시사하는 바는, 마르크스의 종교관은 일반화시키거나 체계적으로 정립하기 어려우며, 그는 원천적으로 이론화가 불가능한 사상가라는 것이다.

종교는 인민의 아편인가

나는 미시적으로는 "종교는 인민의 아편"이라는 저 한 구절에 초점을 맞추고, 거시적으로는 저 구절의 배경이 되는 루트비히 포이어바흐(Ludwig Feuerbach)와의 관계를 설명하는 데 집중하려 한다. 먼저 포이어바흐의 견해를 간략히 스케치해 보자. 포이어바흐는 오직 인간만이 무한자에 대해 의식하고 있으며, 그것은 인간 자신의 본질의 무한성에 대한 의식이라고 말한다. 이런 점에서 종교는 본래 인간적인 그 무엇이며, 인간이 자기 자신에 대해 취하는 태도다. 신의 본질에 대한 모든 규정은 실제로 인간의 본질에 관한 규정들이다.

그렇기에 포이어바흐는 종교를 인간 본질의 왜곡된 반영으로 보았다. 종교를 통해 인류는 자신을 하늘에 투사한다. 자신의 속성을 신으로 간주한다. 그리고 감쪽같이 저 자신도 속는다. 그것은 현실로는 불가능한 환상이지만 현실을 뒤틀어 버린 왜곡이다. 그 절정이 다름 아닌 신이다. 신도 따지고 보면, 기실 자기 자신인데도 그 신에게 철저히 종속되고 농락당한다. 그리하여 종교는 소외된 의식의 표현이며, 전도된 세계관의 표상이다. 인간이 인간에게 신으로 존재하는 것이며, 마땅히 신에게 소비된 경배와 사랑을 자신에게 돌려야 한다. 인간이 신의 형상으로 피조된 것이 아니라 신이 인간의 형상으로 창조되었기 때문이다.

때문에, 포이어바흐는 "우리는 종교의 내용과 대상이 철두철미 인간적임을 증명하였고, 신학의 비밀은 인간학이며 신의 본질의 비밀은 인간 본질의 비밀이라는 것을 증명하였다"(『기독교의 본질』, 종로서적 역간, 140쪽)고 선언한다. 그러나 포이어바흐의 관심사는 종교를 감각적인 것, 물질적이고 인간적인 것으로 해석하는 것이다.

마르크스는 이러한 포이어바흐의 비판을 수용한다. "인간이 종교를 만들지, 종교가 인간을 만드는 것이 아니다"(187쪽). 기독교인들이라면 화들짝 놀라 자빠질 불경스러운 말이 아닐 수 없다. 나중에 밝혀지겠지만, 종교 자체에 대한 말이 아니라 종교 현상에 대한 것이다. 즉, 인간은 버겁기만 한 삶의 고단함을 종교적으로 풀어낸다는 말이다. 삶이 고통스러울수록 종교에 더 열성을 품게 되고, 바로 그 열정이 종교를 만들어 낸다.

포이어바흐에 대한 비판은 크게 두 가지다. 하나는 인간 이해다. 포이어바흐적인 인간은 역사적 과정과 사회관계에서 고립되고 추상화된 존재다. 사회적 동물로서의 인간은 사회적 제 관계의 총체다. 무한에 대한 의식은 사회적 조건에 제한받는다. 인간이 신을 부정하면 종교는 종말을 맞이하고, 인간은 자신과 화해하고 세계와의 화해도 저절로 달성되리라 보았다. 그래서 마르크스가 보기에 포이어바흐는 순진무구한 관념론에서 헤어 나오지 못하고 있다.

다른 하나는 종교를 만들어 내는 것의 기초에 대한 이해다. 포이어바흐는 종교의 출현을 인간됨의 본질에서 찾지만, 마르크스는 사회적 측면에서 설명한다. 마르크스가 보기에 종교를 주조하는 것은 인간의 소외가 아니라 현실적 빈곤과 사회적 억압으로 인한 피조물의 탄식 때문이다. 종교의 소멸은 의식의 혁명적 전환이 아니라 사회혁명에 의해서다. 그러므로 종교적 환상을 발생시키는 사회적 삶의 관계를 실천적으로 변화시켜야 한다.

자, 여기서 문제의 구절, "종교는 인민의 아편"을 살펴보자. 우리는 성경을 해석할 때, 한 단어, 한 구절만 따로 떼어 내는 것의 위험을 지적하고, 반드시 그 말씀이 자리한 맥락에서 보라고 말한다. 문맥이 해석의 왕이다. 이는 인문학에서도 동일하다. 저 말은 저 말이 있기 위한 앞뒤 흐름이 있는데 별도의 콘텍스트에 집어넣으면 요상한 문장이 되고 만다. 하여, 그의 말 전부를 인용해 보려 한다.

> 종교적 비참은 현실적 비참의 표현이자, 현실적 비참에 대한 종교는 곤궁한 피조물의 한숨이며, 무정한 세계의 감정이고, 또 정신 없는 상태의 정신이다. 종교는 인민의 아편이다.

종교는 현실의 반영과 저항이라는 두 측면을 갖고 있다. 문맥을 톺아보면, 현실의 반영으로서의 종교를 무조건 거부하지 않는다는 점이 엿보인다. 우리는 지치면 위로받을 곳, 위로해 줄 이를 찾는다. 그렇게 잠깐이나마 쉼을 누리며 삶의 여유를 되찾고, 다시 하루를 살아갈 용기를 얻는다. 그러나 술과 마약에서 위로를 구하면 더 큰 나락으로 떨어지고 만다. 삶을 견뎌 내고 헤쳐 나가는 힘이 아니라 끝없는 도피처가 된다면, 그것은 아편일 뿐이다. 요는, 종교가 현실을 어떻게 표현하느냐다.

비루하고 비참한 내 삶을 표현할 수 있는 곳이 종교의 중요한 기능이다. 기도와 찬양을 통해 우리는 무정한 세계에서 상처받은 마음을 쏟아 낸다. 하늘의 음성인 성경을 읽고 설교를 들으면서 우리는 어디로 가는지, 어디로 가야 할지도 모른 채 무작정 달리는 일을 잠시 멈추고, 정신을 바짝 차리게 된다. 예수께서 가르치시고 전파하시면서 치유 사역에 그토록 에너지를 쏟으신 것도 그 때문이 아닌가. 목자 없는 양들의 마음을 어루만지셨다.

동시에 종교는 현실에 저항하는 동력이다. 마르크스는 구체적으로 저항의 모습을 말하지 않았다. 우리의 경험으로는 소극적인 저항과 적극적인 저항으로 구별할 수 있겠다. 교회는 노인이나 청소년, 빈곤층에게 도시락을 배달하거나 장학금 수여, 교육 등 다양한 활동을 하고 있다. 이것은 소극적이나마 현실을 개선하는 데 도움이 된다. 남미의 해방 신학이나 북미의 흑인 해방 신학, 우리나라의 민중 신학 등이 적극적인 투쟁을 벌였다. 이러한 저항의 양상은 나라마다,

교단마다, 교회마다, 개인마다 다르다. 어떻게 달랐든, 종교가 현실에 저항했음은 분명하다.

사실 이런 해석은 지나치게 종교 편향적이라는 비판을 듣기 딱 좋다. 마르크스는 일평생 무신론자였고, 일관되게 종교를 비판했기 때문이다. 「비판 서문」에서도 종교를 부정적으로 언급한다. 그 대표적인 것이 "인민의 아편"이라는 말이다. '종교 = 아편'이라는 등식만큼 비판적인 말은 찾기 어려울 것이다.

「비판 서문」에 나타난 마르크스의 종교 비판을 논문으로 쓴 철학자 안상헌에 따르면, "억압받는 피조물의 한숨"과 관련된 문장은 현실의 반영으로서의 종교를 말한 것이고, "종교는 인민의 아편"이라는 문구는 현실 저항과 연관된다. 마르크스의 글 전체 맥락에서 "종교는 인민의 아편"이라는 테제는 종교 자체를 원천적으로 부정하는 순수 이론도, '적극적인 철학적 무신론'의 개진도 아니다.

게다가 사변적인 철학이 아닌, '현실 안에서의 진리 추구'를 자신의 소명으로 삼은 이가 바로 마르크스다. 종교를 추상이 아닌 구체적인 것 안에서, 이론이 아닌 실천의 관점으로 접근한 사람이 마르크스다. 종교는 신의 이름으로 타락한 체제를 정당화시킬 수도 있고, 신의 이름으로 악한 체제의 비판자가 될 공산도 크기 때문이다.

그러므로 종교가 현실에 대한 소극적인 저항이라는 점을 확인하는 것만으로도 마르크스의 종교 비판에 대한 세간의 오해를 덜어 냈다고 하겠다. 그가 종교를 비판한다고 했을 때의 그 비판은 종교 자체라기보다는 잘못된 종교를 만들어 내는 현실에 대한 비판이다.

또다시 나의 스무 해

아들이 고등학교 2학년이 된 지 얼마 지나지 않아서 자신의 진로를 결정했다. 그동안 고민이 참 많았다. 아들은 '철학'을 하고 싶다고 했다. 학부에서 부전공으로 철학을 공부했고, 복수 전공을 하고 싶었으나 가난한 집안 형편에 1년간 학비를 더 낼 수는 없어 차마 말을 꺼내지 못하고 덮은 전력이 있는 데다가 기독교 철학으로 박사 학위를 받은 나로서는 당연히 환영했다.

나는 아들에게 철학을 공부하려면 마르크스, 프로이트, 니체를 읽어야 한다고 했다. 어떤 주장, 어떤 사상도 그것을 만들어 내는 물질적 토대를 간과하면 안 되고, 무엇보다도 가난한 사람을 기억하라고 그리 말한 게다. 니체를 전공하는 대학원생과 한참 이야기한 다음, 나는 그에게 마르크스를 읽으라고 했었다. 같은 이유에서다.

그러고 보면, 나는 아직 마르크스 주변을 서성거리고 있다. 언제까지나 예수의 제자이고, 마르크스주의자인 적이 없지만 그의 종교 비판을 잊을 수 없기 때문이다. 아편이 고통 완화제라는 측면에서 치료제의 일종이라 해도, 환각제이지 않은가. 종교가 직업이기에, 나는 내가 믿는 종교인 기독교가 현실에 대한 위안이자 저항이라는 점을 한 번도 의심한 적이 없다. 또한 언제나 그리되기를 바란다.

그의 주변을 맴돌 뿐 마르크스주의자가 될 수 없었던 것은 마르크스가 바라본 종교는 종교 전체가 아니라는 것, 종교는 사회적 차원이 있지만, 사회적 차원으로 환원될 수 없다는 것, 그리고 인간적 차원을 넘어선 신비와 계시를 믿기 때문이다. 인간은 사회적 존재지만, 내면과 개인적 차원도 있고, 인간 내재적 요소와 초월적 요소도 함께 존재하기 때문이다. 인간에도, 종교에도 사회적인 것으로 일괄 치환되지 않는 신비가 살아 있다.

    마르크스의 비판에 대한 최고의 대답은 신앙이 고통당하는 자를 위로하고, 고통의 근원을 변혁하는 모습을 보여 주는 것 외에는 없다. 그리고 종교의 비판이 모든 비판의 전제라는 마르크스의 말을 뒤집으면, 종교의 개혁은 모든 개혁의 전제이고 출발점이 될 것이다. 그래서 나는 종교, 곧 기독교를 버릴 수 없고, 사랑한다.

함께 읽을 책

- 한국 기독교에서 가장 금기시하는 철학자가 있다면, 단연코 마르크스일 것이다. 그러나 기존 사회주의 국가가 해체되고 몰락한 현 시점에서는 공산주의에서 교조화한 마르크스가 아닌, 평범하면서도 비범한 한 사람의 철학자로 읽어도 괜찮지 않을까. 또한 프리드리히 니체의 기독교 비판 역시 공들여 읽고 경청해야 그 비판을 넘어설 수 있으리라 본다. 무시가 대수는 아닐 터.

  그런 점에서 살아 있는 한 인간으로서 마르크스의 복합적인 이면을 잘 드러낸 평전 두 권을 소개한다. 하나는 최고의 학자 이사야 벌린이 쓴 책으로 「칼 마르크스: 그의 생애와 시대」(Karl Marx: His Life & Environment, 미다스북스 역간)다. 한 개인의 일대기가 아니라 그가 살았던 시대적 맥락과 배경 속에서 마르크스를 보여 주고, 역으로 그 시대를 어떻게 돌파하려 했는지도 볼 수 있다.

  다른 하나는 기자가 저술한 만큼 마르크스의 인간적 면모를 들여다볼 수 있다. 프랜시스 윈의 「마르크스 평전」(Karl Marx, 푸른숲 역간)이다. 인간적일 수도 있고, 위선적일 수도 있는 마르크스의 뒷모습을 적나라하게 폭로한다.

- 마르크스의 저서를 읽고 싶다면, 가장 먼저 「헤겔 법철학 비판 서문」을 읽길 권한다. 번역 출판된 지 오래되어 책으로 구하기는 어렵다. 그러나 인터넷에서 검색하면 여러 종류의 번역문을 볼 수 있다. 인터넷에서 쉽게 찾을 수 있고 분량도 아주 적은(책으로 서너 쪽 분량) 다른 책으로는 「포이어바흐에 관한 테제」(Thesen über Feuerbach)가 있다. 한 번쯤 들어봤을 것이다. "철학자들은 세상을 여러 방식으로 해석했지만, 중요한 것은 세계를 변혁하는 것이다." 저기에 철학자 대신 '기독교' 또는 '그리스도인'이라고 넣어야 하지 않을까? 나는 그렇게 읽힌다.

- 마르크스나 포이어바흐 등의 종교 비판을 보면, 구약 성경의 우상 비판이 연상된다. 두

사람은 신이 아닌 것을 신으로 섬기는 우스꽝스러운 현실을 적나라하게 질타하는 예언자를 닮았다. 산에서 잘 자란 아름드리나무를 잘라 다듬어 일부를 땔감으로, 가구용으로 팔고, 그것을 목공이 우연찮게 구매하면 우상이 된다. 그 우상의 이면은 인간의 욕망이다. 그 욕망이 투사된 것이 바로 우상이다.

그래서 신의 비밀은 곧 인간 자신이라는 포이어바흐, 삶의 질곡에서 해방되지 않으면 헛된 환상을 부추기는 종교는 사라지지 않을 것이라는 마르크스의 주장은 정확하게 우상 비판이다. 어떤 이들은 종교 본질에 대한 비판이라고 하겠지만 말이다. 겉으로는 하나님을 믿는다고 하지만, 실상은 하나님을 우상화하고 있지 않은지 우리 자신을 되돌아보는 데는 이 두 사람만 한 사상가를 찾기 어렵다. 이참에 포이어바흐가 쓴 「기독교의 본질」(*Das Wesen des Christentums*, 한길사 역간)을 읽어 보면 어떨까? 나는 축약본인 고(故) 박순경 교수의 번역본으로 읽었다.

6장 정치에 참여한다는 것

헨리 데이비드 소로의 「시민 불복종」 읽기

왜 그랬을까?

80년대의 나는 그랬다. 몸은 백면서생이면서 입은 열혈 투사였다. 학생 운동의 전면에 서거나 핵심에 끼어든 적은 없지만, 그렇다고 멀찌감치 물러서서 곁불을 쬐지도 않았다. 입만큼은 진보의 첨단을 달렸다. 말로야 무슨 말을 못하겠냐마는 운동권 용이기 툭툭 튀어나왔다. '민주주의'니, '자유'니, '통일'이니, '혁명'이니 하는, 지금 생각하면 그다지 위험할 것 없는 그런 말이 20대의 나에게는 어마무시하게 휘황찬란했다.

그때가 언제인지, 왜 모였는지조차 도무지 기억나지 않는 어느 모임에서 나는 열변을 토하고 있었다. 어느 유명 강사의 강연이 끝난 다음, 삼삼오오 모여서 조별 토론을 벌였다. 나는 조장을 맡았다. 강연 주제는 "기독교인의 정치 참여"였을 것이다. 그런데 토론이 토론이 아니었다. 30분 남짓 주어진 시간 대부분을 나 혼자 떠들었으니까. 내가 그 부분을 얼마나 많이 고민하고 알고 있는지를 자랑하고 싶은, 그야말로 허세 작렬이었다.

그날 나는 로마서 13장은 정당한 권세에 관한 것이고, 정당한 권력에 정당한 복종을 말한다면 부당한 권력에 대해서는 부당한 방법을 동원해서라도 투쟁해야 한다고 열변을 토했다. 끼니는 걸러도 매일 아침 경건의 시간을 한 번도 빼먹지 않을 만큼 신앙 훈련에 특심한 제자이면서도 어설프게나마 칼 마르크스와 해방 신학을 진지하게 읽던 때라, 어디선가 읽은 것을 내 생각인 양 떠들어댔을 것이다. 속으로 '와, 내가 이렇게 말을 잘하다니!' 내심 감탄하면서 말이다. 둘러 앉은 처음 본 학우들은 말없이 고개를 숙이고 있었고.

그런 일이 어디 한두 번이겠냐마는 유독 그날, 그때, 그 일은 잊히지 않는다. 시쳇말로 쪽팔리는 일일 텐데 사진첩에 오래 둔 흑백 사진처럼 이따금 생각난다. 중년이 되어 읽게 된 소로(Henry David Thoreau, 1817-1862)의 『시민 불복종』(*Civil Disobedience*, 사과나무 역간) 때문일까? 불의한 권력에 대한 투쟁과 저항을 외치던 새파란 20대가 조금은 소극적이고 한 발 물러선 듯한 불복종으로의 전환이 씁쓸했던 걸까?

왜 썼을까?

이 책은 소로가 자신의 고향인 매사추세츠주의 한 문화 회관에서 강연한 원고에서 시작되었다(앤드류 커크의 『세계를 뒤흔든 시민 불복종』 참조, 그린비 역간). 당시 미국은 정치, 문학은 물론이고 과학과 예술 분야의 강사를 초청하는 순회 강연회가 매주 열렸다. 그것이 계몽이자 쏠쏠한 유흥이자 재밋거리였다. 매사추세츠주만 해도 문화 회관이 137군데라고 하니, 강연회 인기가 얼마나 폭발적이었는지 짐작할 만하다.

이 책의 본디 제목은 지금의 것과 확연히 달랐다. 딱 한 번 발간되고 곧바로 폐간된 〈미학〉지에 발표될 당시 제목은 "시민 정부에 대한 저항"(Resistance to Civil Government)이었다. 강연을 한 해는 1848년이고, 잡지에 실린 것은 이듬해인 1849년이다. 1862년 폐결핵으로 사망한 뒤, 책으로 정식 출간되었다. 그해가 1866년이다.

소로 사후에 그가 남긴 글을 편집하던 벗들과 편집자들이 오늘날 알려진 것으로 제목을 바꾸었다. 남북 전쟁이 1861년에 시작되어 1865년에 끝났으니, 그때의 불안정한 상황에서 분란을 일으키지 않으려는 의도에서 제목을 바꾼 것이다.

강연은 감옥에 갇힌 경험에서 시작한다. 하룻밤이기는 하지만, 소로는 왜 옥에 갇혔던가? 주 정부에 인두세를 내지 않았기 때문이다. 사실 그 당시에는 인두세를 내지 않는 경우가 비일비재했다. 조세 저항이 아니라 가난한 사람이 부지기수였기 때문이다. 그러나 그가 인두세를 거부한 것은 매사추세츠주가 도망 노예를 원래 주인에게 되돌려 주는 것에 대한 항의 차원이었다. 본래 연방법에 따르면 도망 노예는 노예주에게 돌려주게 되어 있었다. 격렬한 항의가 있었고, 결국 도망 노예를 반환하는 데 협력해서는 안 된다는 법이 통과되면서 안정을 되찾았다. 그때가 1843년이다.

그리고 1846년부터 1848년까지 미국과 멕시코 간에 전쟁이 있었다. 스페인에서 독립한 멕시코 연방인 텍사스주를 미국이 연방의 일원으로 받아 주었기 때문이다. 패전한 멕시코는 텍사스주뿐 아니라 캘리포니아주와 뉴멕시코주에 이르는 방대한 지역을 단돈 1,500만 달러에 미국에 넘겨야 했다. 소로는 이 전쟁이 부당하다고 보았다. 자신이 내는 세금이 그 전쟁과, 전쟁을 수행하는 불의한 정부를 위해 사용되어서는 안 된다고 믿었다.

멕시코와 전쟁이 일어나자 항의하는 논설을 신문에 실었고, 세금 징수원인 친구에게 인두세를 납부하지 않는다는 사실을 실토했다. 친구는 불가피하게 그를 가두었으나 누군가가 대신 인두세를 납부하여 그다음 날 감옥에서 나오게 된다. 어찌 보면 가벼운 해프닝이지만 그는 시민의 양심과 국가와 정부라는 제도를 근본적으로 성찰하였고, 그 산물이 바로 이 책이었다.

뭐라고 했지?

　　　　　　　　　　나는 편집자들이 '저항'에서 '불복종'으로 제목을 바꾼 것이 나름 일리 있다고 본다. 소로는 불의한 정부와 법에 대해 마르크스주의자들처럼, 시민운동가들처럼 대중을 선동하고 조직하고 시위를 주도하는 일은 일절 하지 않는다. 그는 인두세 거부 운동을 벌인 적도 없고, 전쟁에 반대하는 시위를 주도한 적도 없다. 강연하고 글은 썼어도 개인적 차원이었고, 소극적으로 저항했을 따름이다.

　정부를 근원적으로 부정한 것도 아니다. 미국 건국의 아버지 중 한 사람인 토머스 제퍼슨(Thomas Jefferson)의 유명한 문구, "가장 좋은 정부는 가장 적게 다스리는 정부"라는 말이 이 책의 첫 문장이다. 그는 정부가 공동체를 유지하는 데 필요할 뿐인데, 개인의 양심에 어긋나는 행위를 강요하는 것에 단호히 거절한다. 그의 진정한 속내는 건국의 아버지들이 주창한 대로의 정부가 될 것을 요구하는 것이고, 지금 보다 나은, 그리고 지금 당장 건국 이상을 따르는 "보다 나은 정부를 요구하고 있을 뿐이다"(20쪽).

　내가 보기에 이 책에서 가장 중요한 질문은 이것이다. "불의한 법들이 존재한다. 우리는 그 법을 준수하는 데 만족할 것인가, 아니면 그 법을 개정하려고 노력하면서 개정에 성공할 때까지는 그 법을 지킬 것인가, 아니면 당장이라도 그 법을 어길 것인가?"(36쪽) 저 세 가지 질문은 크게 보면, 두 가지다. "불의한 법을 지킬 것인가, 거부할 것인가?"

소로의 생각은 정의를 행하지 못할지언정 불의한 일에는 가담하지 말라는 것이다. 모든 사람이 정의를 따라 행해야 하지만, 현실적으로 모든 정의를 감당할 수는 없다. 또한 모든 불의와 싸우라고 말할 수도 없다. 그것을 의무라는 이름으로 강요하는 것도 원치 않는다. 다만, "최소한 그 악과 관계를 끊을 의무가 있으며, 비록 이제는 그 악에 관심을 기울이지 않더라도 그 악을 실질적으로 지원하는 일이 없도록 할 의무가 있다"(33쪽). 자신의 가치를 따라 자신의 방식대로 생활하는 것은 오롯이 그 자신의 선택이다. 그러나 판단 기준은 있다. 타인의 존재를 부정하고, 삶을 고달프게 하는지 여부다.

이것은 현실주의가 아니다. 그는 실용주의적인 태도를 참지 못한다. 소로가 겨냥한 사람은 윌리엄 페일리(William Paley)로, 페일리는 정부가 사회와 사람들에게 유익을 주기 때문에 정부에 순종해야 한다고 주장했으며, 혁명을 통해 얻는 결과는 누구도 예측할 수 없고 오히려 더 큰 손실과 고통을 겪어야 한다는 점에서 혁명에 반대했다. 시민이 정치적 행위를 할 때는 자신의 편의를 먼저 생각하고, 그에 따라 행동하라는 것이다.

소로에게 정치 참여는 도덕과 정의라는 기준을 따르는 것이다. 그는 이해타산을 따지는 것을 딱 질색했다. 사람이 사람답게 산다는 것은 자신의 편리나 다수의 공리가 아니라 오로지 정의롭게 사는 것이어야 한다. 우리는 국민으로 태어나기 전에 인간으로 이 땅에 온 것이고, 따라서 국민으로서 요구받는 것 이전에 인간으로서의 기본적

의무를 다해야 한다.

헌데, 이러한 소극적이고 지극히 개인적인 저항을 권위주의적인 정부는 참지 못한다. 그의 입을 원천적으로 봉쇄한다. 바로 감옥이다. "사람 하나라도 부당하게 가두는 정부 밑에서 의로운 사람이 진정 있을 곳은 역시 감옥이다"(41쪽). 이 말에서 자신의 정당함을 강변하는 소로의 깐깐함이 느껴지고, 그다지 전국적 지명도가 없는 인사의 비판을 감옥으로 대답하는 정부의 폭력성에 대한 날 선 비판도 느껴진다.

재미난 일화가 하나 있다. 소로의 정신적 멘토인 랄프 에머슨(Ralph Emerson)이 감옥에 있는 소로를 찾아가서 크게 화를 냈다고 한다. "자네는 왜 여기 있나?" 소로도 지지 않고 거칠게 응수했다. "선생님은 왜 여기 계시지 않습니까?" 이것은 아마도 지어낸 이야기일 것이다. 소로가 교도소에 갇힌 것은 이때뿐이었고, 게다가 하룻밤이었기 때문이다. 에머슨이 알 턱도 없고, 알았다 한들 찾아오기에는 늦었을 테니까. 아무튼, 소로의 고집불통이랄까, 강인함이랄까, 그의 일면을 잘 반영하고 있는 것은 틀림없다.

소로의 이러한 행위의 밑바닥에는 '인간은 한 개인으로 존재한다'라는 생각이 흐른다. "나는 누구에게 강요받기 위하여 이 세상에 태어난 것이 아니다. 나는 내 방식대로 숨을 쉬고 내 방식대로 살아갈 것이다"(50-51쪽). 이는 근대인의 사유 방식이다. 근대의 탄생은 개인의 발견이다. 개인은 신으로 대표되는 권위나 외부의 통제보다도, 신에 대해서는 인간 자신을, 그리고 집단에 반하는 자기 내면의 목소리를 따라 주체적으로 행동할 것을 주장한다.

그는 공동체 전체를 위해 개인을 희생하자는 따위의 사고는 안중에도 없다. "사회라는 기계가 잘 돌아가도록 하는 것은 내 책임이 아니다"(51쪽). 개인이 사회에 우선한다. 우리는 먼저 한 사람의 인간으로 존재한다. 국가의 일원으로서 시민은 그다음이다. "우리는 먼저 인간이어야 하고, 그다음에 국민이어야 한다고 나는 생각한다. 법에 대한 존경심보다는 먼저 정의에 대한 존경심을 기르는 것이 바람직하다"(21쪽). 신이라는 절대 권위도 거부한 마당에 신을 밀어낸 바로 그 자리에 국가가 들어서서 한 개인에게 이래라저래라 강요하는 것을 받아들이지 않는 것이다.

어떻게 되었을까?

이 저작은 당대에 그리 주목받지 못했다. 「월든」(Walden)에 나타난 소박한 자연주의가 얼마간의 시선을 받은 것에 비하면 초라할 지경이다. 거의 잊히다시피 한 이 작품을 영국의 사회주의자 일부가 읽었고, 작품의 명맥이 간신히 이어졌다. 그것이 영국에서 법률을 공부하고 남아프리카에서 변호사를 한 어느 인도인의 손에 들려졌다. 그는 인도의 오랜 전통과 불의한 국가와 부당한 권력의 횡포에 맞서는 강인한 정신과 유연한 전략을 이 책에서 배웠다. 그의 이름은 마하트마 간디(Mahatma Gandhi).

또 한 사람이 있으니, 마틴 루터 킹(Martin Luther King, Jr.) 목사다. 킹의 비폭력은 산상수훈에서 받은 영감이 크지만, 소로의 영향도 적지 않다. 그는 자신의 연설과 글에서 종종 소로를 인용했다. 흑인의 인간됨을 차별하는 미국 정부를 향해서는 모든 사람이 평등하고 자유롭다는 미국 건국의 아버지들의 이상을 실현할 것을 촉구했고, 백인을 향해서는 인간을 차별하고 억압하는 불의한 문화와 체제의 일부가 되지 말 것을 요구했다. 또한 흑인을 향해서는 그 악한 법률에 절대로 복종하지 말자고 외쳤다. 소로의 목소리와 흡사하다.

그 목소리는 한국 사회에서도 크게 들린다. 거슬러 올라가면 4·19에서 시작하여 70, 80년대의 민주화 운동, 그리고 90년대를 거쳐 현재 진행 중인 다양한 시민 참여가 대체로 비폭력적이었고, 시민 불복종의 틀로 얼추 묶일 수 있다. 정부 정책에 대한 시민들의 자발적이고 자율적인 참여가 예전보다 훨씬 확대된 지금은 시민 불복종의 정신과 원리에 기반을 둔 실천이 더없이 중요하다.

학계에서 정리된 바에 따르면, 시민 불복종 운동이 되기 위해서는 "공개성, 공공성, 의도성, 비폭력성, 위법성, 불가피성의 요건을 만족시켜야 한다"(오현철, 「시민 불복종」, 책세상 펴냄, 41쪽). 물론, 저 개별적인 요건에 대한 해석과 찬반 논쟁도 계속될 것이다. 적법한 절차를 통해 공적 이익을 이루기 위한 최선의 노력이 한계에 부딪칠 때, 법적 처벌을 당연한 것으로 감수하면서도 정부의 정책이나 법률을 공개적이고 의도적으로, 그러나 비폭력적 방식으로 저항한다는 큰 틀은 바뀌지 않으리라 본다.

그러면 어떻게 할 것인가?

그렇다면, 시민 불복종은 기독교의 정치 참여의 한 방법일 수 있을까? 이것은 정부와 정권에 대한 성경적 가르침에 부합한 걸까? 우리는 성경에서 정책과 법률에 대한 이중적 태도를 감지한다. 한편으로는 국가에 복종하라는 사도 바울의 가르침(롬 13:1)과 사회의 기본적인 모든 제도에 순복하라는 사도 베드로의 가르침(벧전 2:13)을 듣는다. 기독교를 혁명의 종교로 보는 해방 신학이 있지만, 성경 전편을 살펴보면, 기성세력에 대한 혁명적 전복을 주장하거나 실천한 적은 거의 없다. 오히려 현존하는 시스템의 용도 폐기보다는 용도 변경에 가깝다. 예수도, 바울도, 초대 교회도 체제 부정을 위한 행동에 나선 적이 없고, 나서지도 않았다.

그런데도 성경에는 불복종의 사례가 의외로 많다. 최초 사례는 '히브리 산파'일 것이다. 그들은 태어난 남아를 모두 죽이라는 지엄한 국가 최고 권력의 명령을 따르지 않는다. 분노한 바로가 질책하자, 천연덕스럽게 거짓을 고한다. "히브리 여인들은 애굽 여인과 달라서 산파인 저희가 가기도 전에 아이를 낳습니다"(출 1:19 참조).

아마도 불복종 사례가 가장 많은 구약 정경은 다니엘서일 것이다. 왕이 특별히 하사한 음식과 포도주를 마시지 않겠다는 것은 합법적인 틀 내에서 아주 미약한 불복종이라 하겠다(단 1장). 세 친구는 금 신상 숭배를 거부하고 수천 도의 불이 활활 타오르는 불가마 속으로 내던져졌다(단 3장). 다른 신에게 기도하라는 왕의 교서를 거부한 대가로

표적이 되어 결국 사자 굴에 갇힌 다니엘(단 6장)의 행위는 불복종이라는 단어로 설명된다.

신약에서는 베드로가 사회적 제도에 순복할 것을 말하면서도 "사람보다 하나님께 순종하는 것이 마땅하[다]"(행 5:29)는 불복종의 목소리를 크게 내기도 한다. 제자들은 십자가에 달려 죽으신 바로 그 예수 그리스도가 온 세상의 구주임을 강력히 선포했다. 예수를 죽인 자들에게 그 메시지는 불온했고, 말을 그치게 했다. 베드로는 결연하다. 그 무엇도, 그것이 국가든 정부든, 하나님보다 앞서지 못하며 하나님을 막지 못하기에 자신들은 하나님께 순종하겠다고 선언한다.

여기서 하나님에 대한 순종이 정부와 의회에 대한 불복종으로 나타난다. 히브리 산파, 다니엘과 그의 친구들, 베드로에 이르기까지 공통 특징을 찾는다면, 하나님에 대한 복종이 권력에 대한 불복종으로 나타났다는 것이다. 그래서 마르틴 루터(Martin Luther)가 우리는 하나님 한 분에게만 복종하기에 그 어떤 것에도 복종하지 않는다고 말한 것이다. 또한 자유롭기에 불복종하며, 불복종할 자유가 없다면 그것은 자유가 아니라고 말한 에리히 프롬의 말 또한 옳다.

또 하나의 특징은 정치적 사안이 아닌 종교적 영역에서의 불복종이다. 하나님의 주권과 영광에 대한 도전이 아닌 한, 다니엘과 그 친구들은 자신의 조국 이스라엘을 박살 내 민족의 원수인 느부갓네살 체제의 관료로 충성을 바쳤다. 하지만 신상에 절하라는 신앙 영역에서는 단호하게 저항했다. 하나님 아닌 것이 하나님 노릇을 하려고 하면, 목숨을 걸었다. 감옥은 아무것도 아니었다. 돌에 맞아도, 톱질을 당해도, 칼에 찔려도, 불가마에 던져져도 두려워하지 않았다.

소년티를 벗은 20대 청년 시기에는 혁명 운운했지만, 이제는 하나님에 대한 신앙의 자유를 침해하지 않는다면 그 정부와 정책에 순종할 용의가 있으며, 그것이 하나님의 뜻에 위반된다면 산파들처럼, 다니엘과 그의 친구들처럼, 베드로와 사도들처럼 불복종을 감행하자는 다소 온건한 쪽으로 관점의 이동과 변화가 생겼다.

그런 나는 보수 기독교가 시민 불복종을 사회 참여의 중요한 원칙으로 삼았으면 한다. 정권에 따라 비판도 하고, 지지도 할 수 있지만, 근본적으로 정부와 정권을 악마화하거나 절대화하지 않으면서 찬성과 반대를 할 수 있는 시민 불복종일 것이다. 하나님 외에는 두려운 것이, 무서운 것이 없는 우리 신자들은 절대 권력의 부당한 정책과 법률에 저항하는 절대 내공을 갖고 있다.

불복종의 수칙들, 공공성, 불가피성, 비폭력성을 숙지하고, 정치에 참여한다면, 우리도 바로와 느부갓네살에게 불복종한 성경 속 사람들 이야기의 일부가 되고, 우리 사회도 기독교의 목소리를 더 경청하리라 믿는다.

함께 읽을 책

- 소로가 우리나라에서 활발히 유통된 것은 「월든」의 영향이 큰 것으로 보인다. 매사추세츠주 콩코드 근처 월든 호숫가에 집 한 채 짓고 홀로 시간을 보내는 그의 모습은 바쁜 일상에 찌들어 사는 많은 현대인의 로망일 것이다. 언뜻 보면 「시민 불복종」의 그 소로가 맞나 싶을 정도다. 어쩌면 소로는 강력한 사회 참여 활동과 더불어 자신만의 시간과 자기만의 방을 가져야 한다는 것, 그 둘이 공존해야 통전적인 삶이 완성된다고 말하는지도 모르겠다. 번역본이 많다. 나는 강승영이 옮긴 「월든」(은행나무 역간)을 읽었다.

- 소로의 책에 대한 좋은 해설서 한 권이 있다. "세계를 뒤흔든 선언" 시리즈 중 한 권으로, 앤드류 커크의 「세계를 뒤흔든 시민 불복종」(Civil Disobedience by Andrew Kirk, 그린비 역간)이다. 당대 배경과 풍경들이 어떠했는지, 묻힐 뻔한 이 책이 누구를 만나 어떻게 살아났는지, 그리고 누구에게 영향을 끼쳤는지를 찬찬히 소개한다. 곁들여 읽을 만한 책으로는 오현철이 쓴 「시민 불복종-저항과 자유의 길」(책세상 펴냄)이 있다. 시민 불복종의 역사, 이론적 근거와 함께 찬반양론을 소개한다.

- 소로의 「시민 불복종」은 톨스토이와 간디, 마틴 루터 킹에게로 이어진다. 클레이본 카슨은 독특한 방식으로 킹 목사의 자서전을 완성했는데, 킹 목사의 설교와 연설, 저술을 뽑아내어 일대기를 그려 내는 데 성공했다. 나는 맨 마지막 부분, 그가 암살당하기 전날 연설한 "나는 산 정상에 오른 적이 있습니다"를 읽으며 펑펑 울었다. 제목은 「나에게는 꿈이 있습니다: 마틴 루터 킹 자서전」(The Autobiography of Martin Luther King, Jr., 바다출판사 역간)이다.

- 기독교의 정치 참여에 관한 책으로는 짐 월리스의 「하나님의 정치」(God's Politics)가 단연 최고로 꼽힌다. 본서 다음에 출간될 「한 신학자의 영성 고전 읽기」(가제)에서 다룰

것이므로 일단 읽어 보라고 권하고 싶지만 안타깝게도 절판되었다.

월리스가 실천적이고 적극적인 대안을 제시한다면, 로날드 사이더는 반성적이고 이론적이다. 사이더의 책 「복음주의 정치 스캔들」(The Scandal of Evangelical Politics, 홍성사 역간)은 자기 성찰에서 시작한다. 우리에게는 낯설지 모르지만, 1990년대 남미에서 복음주의자들이 정권을 잡은 적이 있었다. 결과는? 부정, 부패, 무능으로 몰락했다. 사이더는 정치 참여의 성경적 근거와 정치 철학적인 이론을 구성하고, 비폭력 평화주의적 방법과, 내면과 가정의 영역 등에서 제자의 삶을 살 것을 요구한다. 이론 없는 참여의 비참한 결말에 대비되는, 성경과 신학에 기반하여 실천을 모색하는 이 책을 읽고 기독교의 정치 참여를 토론하면 좋겠다.

7장

리더가 된다는 것
마키아벨리의 「군주론」 읽기

리더의 DNA, 다윗

"대통령은 다윗 같았으면 더는 바랄 것이 없겠다." 「내 안의 야곱 DNA」(죠이북스 펴냄)를 집필하고 나서 그다음 책은 삼손 아니면 다윗을 예상했었다. 나름 예수 잘 믿는다는 내 속에서 영적 축복과 세속적 축복을 동시에 갈망하는 야곱다움을 보았다면, 일상의 평범한 사람들 속의 욕망은 삼손의 그것이 아닐까? 하나님이 주신 재능을 고립된 개인으로 살아가며 탕진하는 삼손이 현대인의 자화상이지 싶었다. 내 속에는 야곱도 있지만, 삼손도 있다.

다윗은 우리 사회 리더의 모델이자 모형이길 바랐다. 천사의 영성과 동물적 정치성, 또는 노래하는 시인이자 무장한 전사인 그가 한국 사회의 최고 지도자가 본받아야 할, 다다라야 할 이상적인 롤 모델이라 여겼다. 역대 대통령들의 면면을 보면, 저 둘 중 어느 한쪽으로 치우친 듯했다. 시인의 감수성을 지니고 있으면 현장 감각이 조금 떨어지고, 대중을 설득하고 조직하는 데 탁월하면 반대로 인문학적이고 도덕적인 지수가 부족해 보였다.

해서, 사무엘서와 역대기의 다윗을 읽기 위해, 왕 중 왕 예수 그리스도를 말하기 위해, 이 땅에 다윗과 같은 대통령을 기다리며, 나는 공자의 「논어」와 마키아벨리(Niccolò Machiavelli, 1469-1527)의 「군주론」(Il Principe, 도서출판길 역간)을 탐독하고 있다. 큰 바위 얼굴을 날마다 바라보는 어니스트라도 된 듯이 말이다. 이새의 아들 다윗에게서 난 자가 인류와 세계를 구원한다면, 그 다윗의 길을 따라 정치를 하는 탑 리더가 등장할 때, 이 땅에 정의와 평화의 세상이 성큼 다가오리라.

두 얼굴의 사나이: 구직자인가, 혁명가인가

어디서 시작할까? 책 밖과 안에서 실마리를 잡아당길까 한다. 먼저 책 밖으로 나가 보자. 이탈리아 피렌체 출신인 니콜로 마키아벨리는 1469년에 태어나서 1527년에 죽었다. 그의 생몰 연대는 기독교 역사에서 빼놓을 수 없는 영웅, 마르틴 루터와 상당히 겹친다. 1483년에 출생해서 1546년에 운명한 루터가 열네댓 살 아래다. 비텐베르크 대학의 성당 문에 95개조 논박문이 걸린 것이 1517년, 마키아벨리가 죽기 10년 전이니 어쩌면 두 사람은, 아니 적어도 마키아벨리는 루터의 이름을 들었을 법하다.

내가 두 사람을 호명한 까닭은 남유럽의 르네상스(Renaissance)와 중부와 북유럽 종교 개혁(Reformation)의 선두 주자가 동시대인이라는 사실을 말하려 함이다. 특히 피렌체는 르네상스 운동의 중심 도시였다. 그렇다면 마키아벨리를 규정하는 것은 두 가지다. 하나는 인문주의이고, 다른 하나는 이탈리아 사람이라는 것이다. 루터는 철저히 기독교적이면서도 독일적이었다. 「군주론」은 신이라는 작업가설을 배제하고 철저히 인간적이고 세속적인 방식으로 작동하는 정치와 권력의 메커니즘에 충실하고자 한다. 그렇게 함으로 이탈리아가 다시 일어설 수 있다고 믿었다.

이번에는 책 안으로 들어가 보자. 매사의 시작과 끝을 보면 전부를 알 수 있으니, 이 책의 서두와 결말을 통해 책 전체를 휘어잡아 보도록 하자. 시작은 이러하다. 로렌초 대인에게 바치는 헌사다. 헌정사의 맨 마지막 구절은 애절하다. "만약 대인께서 서 있는 높은 곳에서 때로는 이렇듯 낮은 곳으로 눈길을 돌려 보신다면, 운이 부당하게 가하는 거대하고도 끊임없는 심술을 제가 어떻게 참아 내고 있는지도 아시게 될 것입니다." 여백에 이렇게 메모했다, "나 알아 달라! 나 여기 있다!"

실패한 구직서다. 이탈리아를 침공한 프랑스에 의해 메디치 가문이 쫓겨나고 권력의 공백기를 틈타 사보나롤라(Girolramo Savonarola)가 집

권하였다. 얼마 지나지 않아 그가 축출된 뒤에 들어선 정권에서 29세의 마키아벨리는 혜성같이 등장해서 약 15년간 제2 서기라는 직함으로 봉직하였다. 그냥 고위 외교관으로 보면 된다. 최고 행정 기관인 10인 위원회의 비서도 겸직했다.

피렌체의 안정과 부흥을 위해 동분서주한 그는 각 나라의 왕들과 귀족, 장군을 만나서 대화하는 경험을 풍부히 쌓았고, 그것이 이 책의 풍부한 자산이 되었다. "이는 제가 현대의 일들에 대한 오랜 경험과 고대의 일들에 대한 끊임없는 독서를 통해 배우게 된 것"(5쪽)이라고 말한다.

그러다가 복귀한 메디치 가문에 의해 공직에서 물러나게 되었다. 복귀를 노리며 절치부심하던 그는 이 책을 헌정함으로 당시의 실권자에게 피렌체를 위해 일할 기회를 얻고자 했다. 그러나 이 책을 헌정받은 로렌초는 거들떠보지 않았다.

실패했기에 더 위대해졌다. 「논어」의 공자도 14년간 천하를 주유했으나 실패했고, 예수의 사역 역시 겉으로만 보면 당연히 패배다. 제자단의 핵심이 스승을 배반했고, 나머지는 뿔뿔이 흩어졌다. 그렇지만 단기적 안목으로 한 사람 전체의 인생을 평가하기에는 무리가 있다. 로마 교황청이 지정한 금서라는 점에서 권력의 눈 밖에 난 이 책이 지금도 회자된다는 것은 마키아벨리의 시대가 수용하지 못할 불온한 사상이었기에, 그래서 시대와의 불화를 빚었기에 일시적으로는 실패로 보였어도 결국은 이겼다는 의미가 아닐까.

나는 마지막 단락을 읽고서야 이 책이 이탈리아의 통일과 부국강

병의 이상을 오롯이 담고 있음을 알았다. 제목은 "이탈리아를 지키고 야만인들로부터 해방하기를 촉구함"이다. 밀레네 공화국, 피렌체, 로마 교황청, 베네치아 공화국, 나폴리 공화국 등 강력한 몇 개 나라와 도시 국가를 합하면 대략 서른 개의 나라로 분단된 조국, 그러면서도 서로 물고 뜯느라 외세를 끌어들이고 능욕당하는 조국.

그러니까 그가 로렌초 대인에게 자리를 구걸해서라도 욕망한 단 한 가지는 이탈리아의 영광을 회복하는 것이었다. 이탈리아가 어떤 나라인가? 대제국 로마의 땅이자 후손의 나라가 아닌가. 그랬던 이탈리아가 갈가리 찢겨 프랑스와 스페인 등 열강의 노략물로 전락한 현실에 대한 비통함과 새로운 이탈리아에 대한 비장함이 책 전체에 흐른다. 그렇다면, 그는 어떤 군주가 비운의 이탈리아의 영광을 되찾을 수 있다고 역설했을까?

제목과 구성

이 책을 이해하는 또 다른 방법은 제목과 구성이다. 글쓰기에서 가장 어려운 것이 제목 잡기다. 제목 하나에 글의 모든 것을 담아내야 하기 때문이다. '군주론'은 이탈리아어로 '*Il Principe*'(일 프린치페)다. 영어로는 'The Prince'다. '왕'이 아니라 '왕자'인 것이다. 영어 사전을 들추면 '왕자'라는 뜻이 가장 먼저 나오고, 그 다음이 '작은 왕국의 남자' 혹은 '그 나라의 군주'라고 되어 있다.

만약 당시의 이탈리아가 왕국이었다면, 군주론이 아니라 '황제론' 또는 '왕론'이 되었을 것이다. '군주'라고 쓰고, '왕', '대통령'으로 읽으면 된다. 한 사람의 군주에게 바치지만, 이탈리아의 수많은 군주가 이 책을 읽고 강인한 군주가 되어 통일의 대업을 이루어 주기를 바랐을 것이다.

이 책은 여타의 고전에 비해 읽기가 수월하다. 분량이 그리 길지 않다. 150쪽 정도다. 기다란 해설이 보태지고, 용어 설명이 곁들여져서 두껍게 보일 뿐이다. 내용도 난해하지 않다. 세계를 뒤흔든 10권의 책 중 「국가론」, 「전쟁론」, 「국부론」, 「종의 기원」 등에 비해서 어렵지 않다. 다만, 이탈리아와 로마 제국의 역사를 다루는 부분은 살짝 건너뛰어도 무방하다. 이것은 독서 방법론이기도 한데, 처음에는 전체 윤곽을 잡는 것에 주안점을 둔 다음, 꼼꼼하게 천천히 읽는 것이 좋다.

구성도 단순하다. 총 26개 장이 있어서 복잡해 보이지만, 실제로는 네 부분으로 묶을 수 있다. 1-11장은 군주국의 다양한 종류를 나열하고 각 장단점에 따른 통치 방식을 설명한다. 두 번째 부분은 12-14장인데, 군대에 관한 것이다. 이탈리아는 자국 군대가 아닌 용병에 의존했다. 마키아벨리는 일관되게 타인의 힘에 기대지 말고 자신의 군대로 국가를 수호할 것을 강력하게 권고한다. 강국의 기초는 좋은 법과 좋은 군대이고, 군주가 해야 할 딱 하나의 일을 고르라면, 전쟁의 기술이라고 말할 정도로 중요하게 여겼다.

세 번째 부분인 15-23장은 군주의 역량을 강화하는 데 초점을 두고 있다. 어떤 군주가 국가를 효율적으로 통치할 수 있는지를 구체적으로 조언한다. 여기에 '마키아벨리즘'이라는 악명이 헛말이 아님을 보여 주는 위험천만한 주장이 많다. "자비로운 군주가 되기보다는 잔혹하라", "사랑받기보다는 두려움을 안겨 주라"와 같은, 냉철하지만 사악하다는 평판에 맞는 내용이 수두룩하다.

마지막은 24-26장이다. 저자가 하고픈 말들이 여기에 담겨 있다. 찬란한 로마 문명의 후손인 이탈리아와 그 군주들이 어째서 야만인에 다름 아닌 북쪽 국가들에 위협받는 처지가 되었는지를 성찰한다. 무엇보다도 운에 의존하지 말고 덕에 기반하고 성품을 훈련하여 야만인의 지배와 조국의 분열로부터 해방할 것을 강력히 촉구하면서 글을 맺는다.

덕(비르투) vs. 운(포르투나)

나는 군주론에서 가장 중요한 개념 쌍, '덕과 운'에 초점을 제한하려 한다. 한 쌍을 이루는 저 개념은 사분오열되어 있는 이탈리아를 통일하고 고대의 영광을 회복하려는 이상을 현실화하는 길을 군주에게 알려 준다.

이탈리아어 '비르투'(virtu)는 학자에 따라 '덕'(德) 또는 '역량'으로 번역된다. 라틴어로는 '비르투스'(virtus, 영어로는 virtue)인데, 이 개념에는 나름으로 족보가 있다. 그리스 철학으로 거슬러 가야 한다. 바로 '아레테'(arete)다. 그것이 오늘의 '덕' 혹은 '미덕'이라는 단어의 시작이다. 소크라테스와 플라톤에게서 보는바, 아레테는 덕이 아니라 '탁월함'(excellence)이다. 구두장이가 구두를 잘 만드는 것, 전사의 전투 능력이 걸출한 것, 말이 잘 달리는 것을 '아레테'라고 했다. 구두장이의 탁월함이 구두장이의 미덕이다.

한 인간이 추구해야 할 최고의 가치는 자기 자신이 되는 것, 자기답게 사는 것일진대, 그 이상을 한 단어로 압축하자면, 바로 아레테였다. 그래서 마키아벨리의 비르투에는 '미덕으로서의 덕', '정치 능력으로서의 역량'이라는 의미가 두루 담겨 있다.

다음으로 마키아벨리가 사용한 '운'의 라틴어는 '포르투나'(fortuna)다. 그리스 신화에서 운명의 여신 튀케(Tyche)의 로마식 변용이라 보면 된다. 인간에게 행운과 불행을 가져다주는 운명의 여신이다. 한 사람의 타고난 숙명으로, 바꿀 수 없는 것들이다. 마키아벨리가 보기에 한 사람이 최고 권력자가 되고 유지하는 데는 이 '운빨'이 중요했다.

그런데 나의 물음은 마키아벨리가 왜 운 또는 행운을 정치의 영역으로 끌어들였느냐는 것이다. 본시 정치란, 폴리스였던 그리스 사회나 인문주의자인 마키아벨리에게도 인간의 영역이 아니던가. 하나님의 뜻을 물어 정치하던 히브리 문명의 다윗과는 달랐다. 인간의 정치 행위에 신을 개입시킬 리 만무한데 말이다. 그에게 종교는 초월적 가치보다는 한 사회를 조직하고 통일하는 데 긴요한 사회학적 효용성일 뿐이다. 그런 그가 왜 행운의 여신을 말할까?

그가 살펴본 군주들은 운명이라고밖에는 달리 말할 길 없는 인간

외부적인 요소에 좌지우지되었다. 마키아벨리가 모범으로 삼았던 체사레 보르자(Cesare Borgia)는 그 자신의 타고난 운과 뛰어난 역량으로 이탈리아 통일의 열망을 실현할 듯이 보였으나, 아버지인 교황의 죽음과 함께 외부의 운이 소진되고 결국 역사의 무대에서 퇴장했다. 아무리 뛰어난 영웅이라도 통제할 수 없는 외부 요소로 좌초하는 일이 비일비재하다.

마키아벨리는 우리 인간이 어찌할 수 없는 강력한 운명의 힘을 인정하면서도 그 운에 의존하지 말고 스스로 개척할 것을 군주들에게 주문한다. 운명에 기대는 자는 여신이 변덕을 부리면 곧바로 파멸하고 만다. 오히려 운은 삶과 정치에서 절반 정도일 뿐, 전체를 결정하지 못한다. 나머지 절반은 우리 자신의 자율적인 능력에 따라 달라진다(25장 4절).

그렇다면 그가 말하는 덕이란 구체적으로 뭘까? 예를 든다면, 용병이 아닌 자국 군대를 양성하고, 군사력을 튼튼히 다지는 것이다. 당시 이탈리아는 용병에 의존했는데, 용병은 이익을 따라 행동할 뿐, 목숨 바쳐 싸우지 않는다. 그들의 배반과 나태함으로 낭패 보기 십상이다. 때문에, 마키아벨리는 운이나 타인의 호의에 의존하지 말고 자기 스스로 운명의 주인이 되고, 자신의 나라는 자신의 힘으로 보호하는 안보력의 강화를 역설한다

외치와 관련해서는 자주국방을 달성하고, 내정과 관련해서는 귀족과 시민을 지혜롭게 대할 것을 요구한다. 그 핵심은 '……처럼 보이기'다. 그가 실제로 자비롭든 냉혹하든 상관없이, 시민에게는 자비

로운 모습으로 보여야 한다. 그러나 사랑받는 군주가 될 것인가, 두려운 군주가 될 것인가를 양단간에 결정해야 할 때, 주저 없이 공포를 선택하라고 말한다. 사랑받으려는 것은 타인의 의지와 호의에 기대게 하고, 혼란을 가속하는 우를 범하기 쉽기 때문이다. 국정의 안정을 위해서 잔혹하다는 평판을 두려워해서는 안 된다.

군주는 "스스로를 유지하고자 한다면, 선하지 않을 수 있는 것, 그리고 필요에 따라 이를 사용하고 사용하지 않는 것을 배워야만 한다"(15장 6절). 우리는 여기서 "필요"라는 말을 주목해야 한다. 마키아벨리는 군주에게 폭군이 되라고 말하지 않는다. 항상 선하면 군주만이 아니라 국가도 악한 자와 외세에 멸망당할 것이고, 항상 악하면 선한 민중이 권좌에서 축출할 것이다. 해서, 적절한 시기에 적절한 방식으로 대처하는 역량을 키워야 한다. 필요하다면 악역을 자처해야 하는 것이 군주의 운명이고 역량이다.

군주의 덕을 가장 극명하게 보여 주는 것이 그 유명한 '사자와 여우'다. 군주는 사자의 무력과 여우의 지혜를 겸비해야 한다. 사자의 무력으로 군주를 두렵게 여기도록 하고, 여우의 지혜로 군주가 인자한 자로 보여야 한다. 바로 "위장과 은폐의 대가"(18장 11절)가 되어야 하는 것이다. 필요에 따라 야수와 같은 잔인한 조치를 할 줄도, 상황에 따라 인간적인 온정을 베풀 줄도 알아야 한다. 그리하여 언제든 "운의 방향과 사물의 변화가 그에게 지시하는 대로, 자신을 바꿀 수 있도록 마음의 준비를 갖추어야 한다"(18장 15절).

결국 군주는 도덕적 대의명분에 집착해서는 안 된다. 그러나 그렇다고 어떤 규칙이나 규제도 없는 방종은 폭정으로 이끌 것이다. 이탈리아의 해방과 통일이라는 대업을 위해서, 시민의 안녕과 평화를 위해서 도덕과는 전혀 다른 게임의 규칙이 작동하는 정치 세계를 파악하고 대처해야 한다.

다윗 군주론

다윗의 일생에서 우리는 여우와 사자의 이중성이 아니라 사자와 어린양의 두 얼굴을 본다. 파스칼(Blasie Pascal)이 말한바, 인간 안의 천사와 동물의 양면성이 매우 매끄럽게 조화를 이루고 있는 참으로 기이한 사람이다. 그가 선보인 행동 하나하나는 천사의 영성과 동물의 정치성을 이음새 없이 통으로 짠 옷처럼 산뜻하다.

그 몇 가지 사례를 볼까나. 요나단과의 우정이다. 그는 진심으로 사람을 사랑할 줄 아는 남자다. 나는 요나단에 대한 다윗의 사랑이 진심임을 한 치도 의심하지 않는다. 그렇다고 어떤 계산도 없는 순수 무구한 것이라고도 믿지 않는다. 목숨처럼, 아니 제 목숨 이상으로 사랑한 것은 다윗이 아니라 요나단이었다(삼상 18:1, 3, 그리고 20:17, 공동번역). 단언히 건대, 요나단의 도움이 없었다면 다윗은 왕은커녕 장인의 손에서 살아남을 수나 있었을까?

다윗의 영원한 이인자 요압이 제 동생 아사헬을 죽인 아브넬을 암살한 사건이 있다. 아브넬은 사울의 사후, 북이스라엘의 실권자였다.

사울의 집안이 갈수록 몰락하고, 다윗의 기세는 욱일승천한다. 아브넬은 생각했을 것이다. 일신의 안전과 함께 분단과 전쟁을 끝내기 위해 북이스라엘을 들어 다윗에게 바치기로. 그런 그를 요압이 아무도 모르게 모살해 버렸으니, 누구라도 다윗의 지시라고 믿을밖에.

소식을 들은 다윗은 애달프게 운다. 후하게 장례를 치러 준다. 아브넬을 위한 구슬픈 애가를 부른다. 그는 곡기를 끊는다. 그런 다윗을 보고 사람들은 그제야 그의 짓이 아님을 안다(삼하 3:37). 이 구절을 근거로 역으로 추적하면, 다윗이 흘린 눈물은 자신을 향한 오해에서 벗어나기 위한 것이었다. 상당히 정치적으로 장례를 이용했고, 자신이 처한 곤경에서 벗어나기 위해 장례와 애가를 방책으로 삼았다.

한날한시에 죽은 사울과 요나단의 장례에서도 그랬듯이, 그의 눈물은 진정성이 있었다. 사람들의 심금을 울리는 무엇이 있었다. "아, 저 사람은 진실로 슬퍼하는구나. 철천지원수로 여길 법한 사울을 사랑했구나. 그런데 사울은 옹졸하게도 이런 충신을 그토록 죽이려고 애를 썼구나, 못난 사람, 못된 사람 같으니라고." 그러니까 다윗의 눈물은 정치적이면서도 진심이 담긴 영적인 것이다.

사실, 내가 다윗의 눈물을 들먹이는 까닭은 보수든 진보든 간에 자신의 정치적 반대자의 죽음 앞에 울 줄 알았으면, 아니 울어 주었으면 하는 바람 때문이다. 내가 바라는 성군 다윗처럼 진정 어린 눈물은 아니더라도 마키아벨리가 바라는 군주처럼 '우는 척'이라도 해주었으면, '슬퍼하는 것처럼 보였으면' 좋겠다. 김대중과 노무현의 죽음 앞에, 그리고 박정희와 김영삼의 죽음 앞에 눈물을 흘릴 줄 아는 대통령을 바라는 것은 지나친 욕심일까?

내가 다윗을 사랑하면서도 공포에 가까운 경이와 경악을 금치 못하는 것은 사울을 죽일 절호의 기회가 한 번도 아니고 두 번이나 있었는데도 요압을 위시한 부하들의 간곡한 호소를 만류하고 끝내 돌아서는 장면이다. 그 대목을 묵상할라치면, 칼자루에 손을 댔다가 떼는 다윗이 상상 속에서 그려진다. 충성을 다했건만 돌아오는 것은 끝없는 오해와 살해 위협이 아니었던가. 다윗이 사는 세상에는 사울이 없고, 사울의 세상에는 다윗의 자리가 없다. 그것이 사울의 세계관이었다면, 다윗에게 사울은 극복의 대상이지, 제거의 대상은 아니었다.

다윗에게는 누구에게든 떳떳하게 말할 이유가 수두룩하다. 다윗이 왕이 될 것임을 이미 천하가 알지 않는가? 당사자인 사울도 인정하지 않았던가. 미친 왕이다. 하나님의 영이 떠난 지 오래다. 살지 죽을지 모른다. 그런데도 다윗은 칼을 빼지 않았다. 왜? 하나님이 세운 사람이기 때문이다. 왕이 악하고 무능하다고 베어 버리면, 그것이 신의 뜻이라면, 이후에 자신이 세울 왕국의 왕 중 목숨을 연명하고 부지할 왕이 몇이나 될까? 제 눈에 옳은 대로 왕이 사울 같다고, 사울이라고 갈아치울 것 아닌가. 무엇보다 사울을 죽임으로 그도 사울의 길을 걷게 된다. 다윗이 사울처럼 되면 하나님은 무엇 하러 사울을 폐위시키겠는가.

어떤 이는 다윗의 정치적 계산이 탁월하다고 은근히 비아냥댄다. 나 역시 그리 생각한다. 그런 정치적 감각이 없다면 그것도 문제다. 반대로 종교적인 신앙으로'만' 행동했다고 추켜세우기도 한다. 힘과 힘, 칼과 칼이 부딪치는 현장에서 정치성 없는 순전한 영성으로 다윗이 움직였다고 보기는 힘들다.

그러나 영성이 없었다면 불가능했다. 이따금 다윗은 사울을 살려준 것을 후회하지 않았을까? 자책하지 않았을까? 시편을 보면, 통한의 눈물을 흘리는 다윗이 자주 보인다. 그런데도 하나님의 약속은 하나님의 방법으로 이루어진다는 믿음과 함께, 지금 왕좌에 앉은 이를 무력으로 끌어내리는 것은 반복되는 반정의 빌미가 될 것이라는 생각으로 끝내 포기한다. 이는 사자의 강인함과 어린양의 순수함이 공존하고 통합되지 않으면 불가능하다.

그 이후 다윗이 통일 왕조의 기틀을 반석 위에 세웠건만 철없는 르호보암에 이르러 다시 남과 북으로 갈라진 이스라엘의 역사에서 기이하게도 남유다는 어떤 정변도 없는 안정적인 권력 승계가 이루어졌다. 북이스라엘이 호시탐탐 왕좌를 차지하려는 군웅들의 혈투로 정국의 안정이 요원했던 것과는 판이하였다. 왜 그랬을까? 딱 하나다. 다윗이 자신의 전임자를 제거할 절호의 기회가 주어져도 거부했기 때문이다.

한국 정치사, 특히 2000년대 이후 정치의 비극은 두 번의 탄핵이다. 노무현과 박근혜 두 대통령에 대한 탄핵. 나는 이 두 사건이 앞으로 적어도 10년에서 20년의 정치를 작동시키는 동력이 될 것이라고 본다. 상대방에 대한 끝도 없는 미움과 증오를 탄핵의 추억으로 정당화하면서 이 탄핵 트라우마는 이미 어떠한 대화나 타협도 없는 전쟁 상태에 돌입했다.

·

지금 우리에게는 어떤 리더십이 필요할까? 마키아벨리가 소망한 용맹한 사자와 영리한 여우의 리더십일까? 천금 같은 두 번의 탄핵 기회를 날려 버리고 쿠데타나 반역이 없는 나라를 건설하기 위해 칼을 빼지 않은 군주일까? 기도한다. 다윗 같은 대통령을 볼 수 있기를. 다윗과 같지 않아도 좋다. 다윗을 닮은 그런 리더가 대통령이 된다면 더는 바랄 것이 없으리.

함께 읽을 책

- 「군주론」을 읽으려면 먼저 어느 번역본을 읽을지를 결정해야 한다. 시중에 십수 종의 역본이 있다. 나는 처음에 강정인, 김경희가 공역한 역본(까치 역간)을 읽고, 마키아벨리의 최고 전문가 중 한 사람인 곽차섭 교수의 역본(도서출판 길 역간)을 비교하며 읽었다. 앞의 것이 영역본에 기초하여 술술 잘 읽힌다면, 뒤의 것은 이탈리아어에서 번역하여 학문적으로 정확한 번역을 지향했기 때문에 직역에 가깝다. 나는 좋아하는 고전의 경우 최소 두 가지 역본을 대조하며 읽는다. 번역의 성격이 다른 책을 같이 읽으면, 그 맛도 다르다.

- 고전을 공부하는 방법으로는 텍스트를 여러 번 반복해서 읽기, 다양한 번역본을 비교하며 읽기, 해설서를 참조하기 등이 있다. 나는 몇 권의 해설서를 읽으면서, 해석자들의 주석과 생각을 책의 여백에 옮겨 적는다. 그러면 동일 본문을 다양하게 해석한 내용을 볼 수 있고, 입체적으로 조망할 수 있다. 곽준혁의 「지배와 비지배: 마키아벨리의 「군주」 읽기」(민음사 펴냄)와 김경희의 「공존의 정치: 마키아벨리 「군주론」의 새로운 이해」(서강대학교출판부 펴냄), 정정훈의 「군주론, 운명을 넘어서는 역량의 정치학」(그린비 펴냄)이 큰 도움이 되었다.

- 마키아벨리에게는 여러 얼굴이 있다. 대표적으로 「군주론」에서는 강력한 군주를, 「로마사 논고」(한길사 역간)에서는 공화정을 주장하는, 모순적이면서도 양면적인 면을 두루 지니고 있다. 그런 그의 모습을 총체적으로 복원한 짧은 분량의 최고 입문서를 들라면, 탁월한 정치학자인 퀜틴 스키너의 책 「마키아벨리」(*Machiavelli: A Very Short Introduction*, 교유서가 역간)를 꼽을 수 있다. 외교관, 참모, 역사가, 그리고 자유의 이론가로서 마키아벨리를 다각도로 조망하고 있어서 그를 이해하는 데 큰 도움을 얻을 수 있다. 욕심을 내어, 「How To Read 마키아벨리」(마우리지오 비롤리, *How to Read*

Machiavelli, 웅진지식하우스 역간)와 「여우가 되어라」(에리카 베너, Be Like the Fox, 책읽는수요일 역간)도 곁들여 읽으면 금상첨화.

- 리더십에 관해 정말이지 탁월한 책임에도 매우 두껍기 때문에 망설여지지만, 소명처럼 억제하지 못하고 소개한다. 리더는 지능 지수로 결정되지 않는다. 다양한 자질과 능력을 발휘했기에 리더가 되는 것이다. 다중 지능 이론의 창시자요 하버드대학 교수인 하워드 가드너가 쓴 「열정과 기질」(Creating Minds)과 「통찰과 포용」(Leading Minds, 이상 북스넛 역간)이다.

가드너가 인식했는지 모르지만, 이 책들의 핵심은 마키아벨리의 「군주론」과 동일하다. 리더란 역량과 운, 또는 기회가 따라 주어야 한다는 것이다. 준비된 사람이 한편으로 행운처럼 다가온 기회를 잡거나, 다른 한편으로 있지도 않은 기회를 만들어서 성공했다는 말이다. 그러나 마키아벨리가 강조했듯이, 리더라는 자리에 오르는 데는 이른바 '운빨'이 중요할지 몰라도, 그 자리를 유지하고 발전시키려면 실력이 더 중요하다.

가드너의 두 책에서 반드시 기억해야 할 점은 리더에게 지능 지수로서의 지능은 절대적이지 않으며, 다양한 지능을 가진 다양한 사람들이 다양한 환경에서 자신만의 삶의 이야기를 일구어 낸다는 사실이다. 그가 특별히 강조하는 것은 리더는 창조적인 사람으로, 자기만의 이야기가 있다는 점이다. '자기만의 이야기'란, 고난과 역경을 통과한 스토리가 있다는 뜻이다.

자기만의 이야기가 없는 이들은 남의 이야기에 있는 '티'를 본다. 누군가를 끊임없이 비판하고, 흠을 잡고, 트집을 잡는다. 그런 이들에게 나는 늘 이렇게 물어본다. "당신의 이야기를 들려주세요. 그 이야기를 듣고 싶어요." 그러면 둘 중 하나다. 놀라서 당황하며 하던 말을 그치고 딴소리를 하며 얼른 일어서거나, 그제야 자신의 아픔과 고난을 말해 주거나. 리더는 남 이야기를 하는 사람이 아니다. 남을 비판한다고 내가 옳은 사람, 좋은 사람이 되지는 않는다. 이 책은 창조적인 사람, 자기만의 이야기가 있는 사람으로 이끄는 하나의 디딤돌이 될 것이다.

8장 복종한다는 것

스탠리 밀그램의 「권위에 대한 복종」 읽기

복종이 문제다

달라도 많이 달라졌다. 어른이 말씀하시면, 다리가 저리고 쥐가 나도 말씀이 끝날 때까지 무릎 꿇고 앉아 있던 때와는 격세지감이 든다. 그런 문화에서는 종교가 순종을 요구해도, 별다른 거부감 없이 당연하게 받아들인다. 오히려 정확하게 알려고 어른의 말을 되묻는다거나 다른 생각을 발설했다가는 호통과 호령이 떨어지고 또래 그룹에게도 눈총을 받는다.

신앙의 미덕이 악덕이 되기도 한다. 정당한 지시를 따르는 것이 뭐가 문제랴마는, 부당한 명령인지 알면서도 따른다면 그것은 이래도 그만 저래도 그만, 이럴 수도 저럴 수도 있는 '아디아포라'(adiapora)의 영역이 아닌, 선과 악의 경계를 넘어선 것이 된다. 그래서 종교학자 찰스 킴볼(Charles Kimball)은 「종교가 사악해질 때」(When Religion Becomes Evil, 현암사 역간)에서 종교의 타락 여부를 측정하는 다섯 가지 리트머스 시험지를 제출한다. 그중 두 번째가 '맹목적 복종'이다. 지도자에 대해, 교리에 대해 어떤 의문도, 대화도, 토론도 없는 일방적 결정과 전적인 수용만 있을 때, 그 종교는 점차 악해지거나 이미 악에 물든 상태인 것이다.

부끄럽지만, 교회사는 하나님의 이름으로, 하나님의 뜻으로 행한 악행과 폭력의 역사라 해도 과언이 아니다. 십자군 전쟁, 종교 재판이 그러했고, 2차 세계 대전 당시 나치를 지지한 독일 기독교나, 일제 강점기 때 신사 참배를 행한 한국 기독교도 예외가 아니다. 하나님과 성경을 이용해서 불의한 일을 정당화하고 순종을 강요했다.

저러한 신앙을 강요한 이들이나 무분별하게 추종한 이들이 과연 예외적이고도 기괴한 부류였을까? 〈폭군이 되는 법〉(How to be a Tyrant?, 넷플릭스)에서 마지막 말은 당연하면서도 충격적이다. "누가 폭군이 될까?" 대답은 이렇다. "누구나!" 그렇다. 너도, 나도 순수하게 믿고, 순순히 따랐을 뿐인데, 악이 되고 독이 되는 일을 스스럼없이 행할 수 있다. 20세기의 유명한 심험인 스탠리 밀그램(Stanley Milgram, 1933-1984)의 이야기는 기독교인뿐 아니라 누구라도 맹목적 복종으로 타인에게 죄와 악을 지을 수 있음을 강력하게 경고한다.

어떤 실험 이야기

　　　　　　　　　예일 대학교의 실험실에서 참가자를 모집한다. 체벌이 학습에 어떤 역할을 하는지에 관한 실험이다. 시간당 받을 아르바이트 비용도 쏠쏠하다. 연구에 이바지하는 일이니 나름 의미 있다. 신청자들은 명문 대학다운 아름답고도 거대한 건물의 실험실 내부에서 풍겨 나오는 과학의 권위에 약간 위축된다. 연구원이 실험에 관해 브리핑한다.

　한 사람이 다른 사람에게 퀴즈를 내고, 틀리면 체벌에 준하는 모종의 행위를 한다. 버튼을 누르는 것이다. 의자에 앉아 있는 사람에게 어떠한 영향도 주지 못할 미미한 수준의 압력을 가하는 것이다. 이것은 과학 발전을 위한 실험이고, 믿을 만한 연구실인 데다가 스스로 참여했고, 얼마간의 비용도 받기로 되어 있다.

　그런데 문제가 생겼다. 오답이 나오고 버튼을 옮겨 누를 때마다 의자에 앉아 있는 사람의 반응이 서서히 격해진다. 조금씩 아픈 표정을 짓다가 급기야 비명을 지른다. 옆에 있는 연구원은 재촉한다. 괜찮다고. 잠시 머뭇거리다가 문제를 내고, 답을 틀릴수록 점차 강도가 높은 버튼을 누른다. 의자에 앉아 있는 사람은 몸을 비틀고 고함을 지르면서 그만하라고 외친다. 곁에 선 연구원의 독촉에 어쩔 수 없이 마지막 버튼까지 누른다.

　놀랍게도 그들이 앉은 의자는 전기의자였다. 가로로 정렬된 버튼은 총 30개인데, 15볼트에서 시작하여 버튼마다 15볼트씩 올라가도록 설계되어 있다. 마지막은 450볼트로, 신체에 심각한 충격을 준다. 그러나 그들은 연기자였고, 전기 충격은 애초에 없었다. 실험 대상은 의자에 앉아 있는 사람이 아니었다. 바로 버튼을 누르는 사람이 연구 대상이었다. 이것은 '타인에게 고통을 가하라는 명령에도 과연 복종할 것인가?', '복종한다면 어느 정도까지 복종할 것인가?'를 조사하기 위한 연구였다.

총 40명이 참여했다. 최종 버튼을 누른 사람은 몇 명이었을까? 다른 사람들은 어디서 멈추었을까? 서너 번째 버튼에서 중지하리라 예상했다. 그것은 연구팀의 가설이기도 했다. 그런데 "우리의 예상보다 더 많이 권위에 복종"(51쪽)했다. 실험이라도 애먼 사람에게 전기 충격을 줄 리 만무하다. 그러나 40명 중 26명, 그러니까 3분의 2가 마지막 버튼을 눌렀다. 그들은 악하거나 가학적이기는커녕 평범한 사람이다. 그들은 시키는 대로 했고, 임무를 탁월하게 수행했다.

괴물이나 악마가 아닌 장삼이사(張三李四)들이 "아무런 적대감 없이도 어마어마한 파괴적 과정의 대리자"(31쪽)가 된다는 것이 연구 결론이다. "상대적으로 얼마 안 되는 사람만이 그 권위에 저항할 뿐이었다." 아우슈비츠 수용소에서 저지른 것과 같은 최악의 악행에도 사람들은 고분고분하게 권위에 순종하며 어떤 죄책감도, 책임감도 갖지 않는다. 이것이 그 유명한 밀그램 실험이다.

내 질문은 이것이다. 순종은 기독교의 핵심 신앙 덕목이며, 제자도의 요체다. 그렇다면 하나님에 대한 복종도 저 실험처럼 권위에 대한 맹목적인 복종은 아닐까? 그것이 아니라면, 제자도의 복종은 어떻게 다를까? 대답을 모색하기 전에 용어부터 정리하자. 「권위에 대한 복종」(Obedience to Authority, 에코리브르 역간) 번역본에서 '복종'은 영어로 'obedience', 즉 순종이다. 이 글에서도 복종과 순종을 구분하지 않고 상호교체하면서 사용하겠다.

복종이 먼저다

이 실험은 20세기에 인간의 본성을 탐구한 가장 탁월한 성과 중 하나다. 그러나 실험 자체를 들여다보면, 위험한 과장과 왜곡이 산재해 있다. 국내에서 상당한 반향을 일으킨, 뤼트허르 브레흐만(Rutger Bregman)은 「휴먼카인드」(HUMANKIND, 인플루엔셜 역간)에서 이 점을 조목조목 비판한다. 밀그램의 보고서에서 은닉된 자료를 들추어 세간에 알려지지 않은 정보를 통해 이 실험의 신화를 여과 없이 폭로한다.

충격적인 것은 버튼을 누르지 않는다며 연구원이 주먹질까지 해댔다는 것이다. 브레흐만에 따르면, 실험 참가자 절반이 이 설정 자체가 가짜라고 생각했다. 실제 상황이라면 전압을 올리지 않았을 개연성이 높기 때문이다. 무엇보다도 연구원이 위압적으로 버튼을 누르라고 강요할수록 피험자들은 불복종했다는 것이다. 밀그램의 주장과 정반대다. 강자의 권력과 명령에 순응하는 듯 보여도 결국은 거부하고 항거하는 것이 인간 본성에 더 가까우며, 언제까지나 복종하는 것도 아니다.

　나는 책을 읽을 때, 외재적 독법보다 내재적 독법을 선호한다. 밀그램이 말한 것 속에서 밀그램이 말하지 못한 것, 말할 수 없는 것, 보지 못한 것을 찾아 밀그램을 비판하고 밀그램을 넘어서는 것이다. 그래야 밀그램도 동의하거나 대화의 공통분모가 생긴다. 예를 들어, 무신론자를 비판하면서 유신론적 전제로 공격하면 동의는커녕 대화 자체가 성사되기 어렵다. 외부적 관점과 잣대를 들이대는 것이기 때문이다. 결론적으로 둘 다 필요하지만, 내부적 비판이 더 적절하다.

　먼저 외재적 관점에서 비판해 보면, 인간에게는 복종이 먼저다. 가정, 학교, 교회에서 가장 먼저 배우는 것이 무엇일까? 부모는 아이가 정서적으로나 신체적으로 건강하게 자라기를 원하기 때문에, 해야 할 것과 하지 말아야 할 것을 부단히 주입한다. 학교에서는 교사와 교과서가 말하는 것을 먼저 배우고, 그것을 토대로 자기 생각을 발전시키고 의문도 품는다. 신명기와 잠언이 말하는 순종을 우선 학습하지 않으면 비판이나 의심도 가능하지 않다.

　밀그램도 이 점을 동의한다. 그 사회가 어떤 사회든, 즉 문명화된 사회든 여전히 원시적인 사회든 권위는 필수이고, 따라서 복종은 자연스럽다(201쪽). 가정, 학교, 교회에서 잘 적응하고 성장하기 위해서는 기존의 권위와 규칙을 잘 따르지 않으면 안 된다.

　한나 아렌트도 마찬가지다. 그의 유명한 명제, "악의 평범성"은 기실 이 책의 제목인 '권위에 대한 복종'과 비슷한 말이다. 아렌트의 진단도 밀그램과 다를 바 없다. 매우 평범한 사람들이 아무 생각 없이 대량 학살에 동조한 현상을 보며, 복종이 먼저라는 것에 아무 이의가 없다.

아렌트의 말을 직접 들어 보자. "우리는 어린아이일 때, 그런 게 필요할 때 이런 의미의 순종을 해요. 그 나이에 순종은 굉장히 중요한 문제에요. 하지만 열네 살, 늦어도 열다섯 살이 되면 그렇게 고분고분 순종하는 태도는 버려야죠"(『한나 아렌트의 말』, 마음산책 역간, 86쪽). 순종을 먼저 배우는 것이 그의 말처럼 굉장히 중요하다.

디트리히 본회퍼(Dietrich Bonheoffer)는 자유에 이르는 길은 복종을 훈련하는 일이라는 시(詩)를 남겼다. 자유는 제멋대로 행동하지 않고, 자신의 욕망을 제어하고 복종할 때에 다다른다. 복종을 연습하지 않고서는 자유를 맛볼 수 없다. 잘못된 권위에 저항하기 전에, 정당한 권위에 순종하는 훈련이 먼저다. 복종이 먼저다. 복종하는 법을 배운 다음에라야 거부할 수 있다.

복종은 의무다

그렇다면 불합리한 권위에 굴복하지 않고 어떻게 저항할 수 있을까? 앞에서 말한 내재적 접근으로 이 책을 읽어 보자. 내가 보기에 밀그램이 의도적으로 지운 목소리가 있다. 실험이란 본시 자신이 얻고자 하는 결과치를 받아 내기까지 계속 반복한다. 그래서 유의미한 정보여도 의식적으로 또는 무의식적으로 흘려버리는 경우가 많다. 이 심리학자는 끝내 저항한 이들의 목소리를 전달할 뿐 그것을 제대로 읽어 내지 못하는 해석의 한계를 보인다.

무심코 흘려보냈지만, 저자도 끝내 걸러 내지 못한 중요한 핵심 두 가지가 있다. 첫째는 실험에 참여한 신학자다. 그는 실험이 시작된 지 얼마 되지 않아서 피험자가 항의하자 이내 중단한다. 연구원이 실험을 계속하라고 연달아 지시했는데도 다시 강행하지 않는다. 무엇 때문에 이 신학자는 미국 최고 대학의 가장 합리적이고 권위 있는 실험실의 요구를 부당한 권위로 받아들이고 저항했을까?

구약을 가르치는 이 신학자는 "무자비한 권위에 맞서는 힘을 강화하는 가장 효율적인 방법은 무엇"이냐는 질문에 이렇게 대답한다. "어떤 사람이 신과 같은 궁극적인 권위를 가지고 있다면, 그것은 인간의 권위를 사소한 것으로 만들 것입니다"(86쪽). 정당한 권위에 복종하는 사람에게는 부당한 권위에 저항하는 내적 힘이 생긴다.

그런데 밀그램은 그의 말이 악한 권위를 신성한 권위로 대체한 것에 지나지 않는다고 심드렁하게 토를 달았다. 내가 보기에, 이 연구자는 자신의 의도와 전혀 다른 결과나 데이터를 해석하는 능력이 부족하다. 비단 밀그램만 그런 것이 아니다. 모든 과학자와 모든 실험실에서 늘 있는 일이니 그를 심하게 나무랄 바 아니다.

그런에도 밀그램의 해석은 과녁을 지나치게 비껴간다. 산상수훈에서 악에 저항하지 말라고 한 것은 악을 묵상하면서 그 자신도 악해지기 때문이다. 선을 사랑하고 정의를 생각하는 이가 선을 행하고 정의를 위해 자신을 던지는 법이다. 하나님의 권위에 자신을 맡기는 자는 악하고 불의한 명령에 몸과 정신을 팔지 않는다. 자유에 이르는 길이 복종이라는 본회퍼의 말을 바꾸면, 부당한 명령에 저항하는 길이 복종이다.

이 점을 탁월하게 밝혀내고 아름답고도 깊은 시로 쓴 이가 있으니, 만해 한용운이다. 그의 시 〈복종〉은 그 무엇도, 그 누구도 아닌 사랑하는 임에게만 복종하겠다고 다짐한다. 시의 마지막 연은 모순처럼 보인다. "다른 사람을 복종하려면, / 당신에게 복종할 수가 없는 까닭입니다." 모순이 아니다. 하나님에게 충성하는 자는 우상과 하나님을 겸하여 섬기지 않는다. 정당한 권위에 순종하는 사람은 부당한 권위에 무릎 꿇지 않는다.

둘째는 고통에 대한 감수성이다. 내 결정이 타인에게 고통을 주는가를 묻는 것이다. 여기서 말하는 '타인'은 나 아닌 모든 사람이고, 특히 사회적 약자와 소수자를 말한다. 체계적이고 구조적으로 사회에서 배제된 사람들, 그리하여 목소리가 없거나 들을 수 없는 사람들, 저항은 곧 죽음일 수밖에 없는 그들에게 직접적이든 간접적이든 고통을 준다면, 성도는 따르기를 거부해야 한다.

실험 참가자 중에서 단호히 거부한 또 한 사람이 있다. 그레첸 브란트인데, 밀그램이 "내가 처음에 거의 모든 피험자에게 나타나리라 생각한 그런 행동을 구현한"(136쪽) 사람이라며 극찬을 아끼지 않은 여성이다. 그 여성은 왜 불복종했을까? 청소년기에 나치 체제를 겪은 브란트는 "우리는 너무나 많은 고통을 마주했던 것 같아요"라고 회고한다. 그는 고통을 당했고, 고통을 당하는 이웃의 얼굴을 보았다.

헨리 나우웬(Henri Nouwen)의 「상처 입은 치유자」(The Wounded Healer, 두란노 역간)는 자신의 고통으로 타인의 고통을 치유하는 자가 되라는 하나님의 부르심을 들려준다. 그는 치유 방법을 '환대'에서 찾는다. 낯설고 알지 못하는 나그네에게 적대적으로 대하지 않고, 밥을 주고 잠자리를 제공하며 그의 이야기를 들어준다. 이방인을 배제하고 약자에게 고통을 주는 권위자의 명령은 하나님의 명령일 리 없다. 상처를 주는 가해자의 길이 아닌 상처를 치유하는 길 위에 서라는 것이 하나님의 뜻이다.

복종이 자유다

권위자에 대한 복종이 악행이 되기도 한다. 인간의 자율성과 주체성을 강조하는 현대 사회는 순종하라는 말을 케케묵고 진부하기 짝이 없는 잔소리로 치부한다. 하지만 저 말을 하는 이가 누구인지를 주목하지 않는다면, 우리는 부당한 권위에 불복종하다가 결국 정당한 권위에도 순종하지 않는 우를 범할 수 있다.

나는 복종의 다른 얼굴이 자유임을, 그리고 자유는 복종과 짝을 이루고 있음을 마르틴 루터의 3대 종교 개혁 논문 중 하나인 "그리스도인의 자유" 첫 구절에서 읽었다. 성구처럼 암송하는데, 살짝 풀어 말하면 이렇다. "그리스도인은 자유로운 한 분 하나님에게만 복종하고 그러하기에 다른 어떤 것에도 종속되지 않는다. 그리스도인은 하나님에게 복종하기에 하나님이 창조한 만물의 종이고, 그러하기에 모든 사람에게 종속된다."

하나님 외에 그 어떤 것도 주인으로 섬기지 않으니 우리는 전적으로, 완전히 자유롭다. 국가가 우리를 예속시키랴, 회사가 우리를 복속시키랴. 그 모든 것을 헛되고 헛된 우상이라고 외치니, 시쳇말로 미쳤다, 미쳤어. 그러나 내 멋대로 살지 않는다. 하나님께 복종하는 자는 사람을 사랑하여 섬기기로 자유로운 결단을 내린다. 사람을 사랑하는 힘이 다름 아닌 하나님에게서 오기 때문이다.

내가 보기에 루터의 저 말은 바울의 갈라디아서를 한 줄로 압축한 것이다. 그 어떤 것에도, 예루살렘 열두 사도의 위세에도 굴하지 않고 꿇리지 않고, 당당하게 자신의 복음이 지닌 권위를 한껏 외치던 바울은, 자신은 누구의 종도 아니라고, 우리를 노예로 만드는 일체의 거짓 복음, 다른 복음에 저항하고 저주까지 퍼붓는 바울은 편지 말미에 참으로 이상한 말을 한다. "오직 사랑으로 서로 종노릇하라" (갈 5:13). 그렇다. 우리는 하나님을 사랑하는 일, 이웃을 사랑하는 일에 자유롭지 않다. 우리는 하나님을 섬기고, 이웃을 섬기는 자유로운 노예다.

이런 우리의 모습은 하나님에게서 온 것이다. 하나님만큼 자유로운 분이 또 어디 있으랴. 허나, 그분은 우리에게 얽매이고, 안절부절 못한다. 하나님은 우리의 종이 되기를 자처하셨다. 예수 그리스도를 보라. 왜? 왜 하나님은 우리의 종이 되셨는가? 사랑하기 때문이다. 우리의 자유는 사랑하는 자유다. 우리는 사랑의 노예다.

우리에게 복종을 말씀하시는 하나님은 우리에게 복종하신 하나님이다. 또한 복 주시는 하나님이다. 나는 그분에게 복종하고, 그분에게 복종하듯 자유와 사랑으로 복종한다. 나는 그분에게만 복종하기에 하나님이 받아야 할 사랑을 다른 자에게, 하나님이 받을 복종을 우상에게 주지 않을 것이다(사 42:8).

함께 읽을 책

- 활자보다는 영상을, 책보다는 영화를 좋아하는 이들에게는 영화 〈밀그램 프로젝트〉(Experimenter)를 추천한다. 이 영화는 실험의 전경을 그리는 데 큰 도움이 된다. 〈지식채널e 밀그램 복종 실험〉도 있다. 당연히 유튜브에서 찾을 수 있다.

- 밀그램은 유대인이다. 때문에, 왜 홀로코스트가 일어났는지, 왜 선한 사람들이 침묵하고 방조하며 더 나아가 참여했는지가 궁금했다. 그래서 이 실험을 한 것이다. 밀턴 마이어의 「그들은 자신들이 자유롭다고 생각했다」(They Thought They Were Free, 갈라파고스 역간)는 나치 체제하에서 나치에 가담한 10명을 심층 인터뷰한 책이다. 그들은 괴물 같은 인간이 아니었다. 사악한 본성을 지녔다던가 어리석고 무지했으리라는 통념을 여지없이 깨부순다. 그들은 정직하고 선량한 보통 사람이었다.
히틀러와 나치가 평범한 독일인들이 바라는 바를 실현해 주었기 때문에 그들이 암묵적이든 적극적이든 동조하고 지지했다는 것이다. 우리나라가 부국강병하다면, 내가 취업할 수 있다면, 누군가가 희생되어도 무방하고, 알지만 모른 척하는 것이다. 폭력과 전쟁이라는 수단을 통해, 반유대주의와 반공주의라는 이념을 통해 소수자와 약자를 조직적으로 배제하고 차별하는 데 동참했다. '나만 아니면 된다'는 무서운 이기심이 히틀러를 만들었고, 그 히틀러가 나를 히틀러처럼 만든 것이다. 이 책을 읽으면 '내 안의 히틀러'를 보는 듯 소름이 돋는다.

- 글에서도 인용한 뤼트허르 브레흐만의 「휴먼카인드」(인플루엔셜 역간)는 '인간의 본성은 악하다'는 현대의 전제에서 시작한다. 어느 영화의 대사처럼 '민중은 개, 돼지'라는 말은 독재자가 국가를 다스리는 데 아주 유효한 이데올로기다. 어릴 적에는 그런 말을 자주 들었다. "조선 사람은 맞아야 말을 잘 듣는다", "한 사람은 뛰어나지만, 두 사람은 갈등하고 세 사람은 분열한다" 등등. 이 말의 출처는 누구이고 어디일까?

짐작하는 대로 일본 제국주의다. 정의를 외치고 평화롭게 살아가는 이들은 오히려 모든 인간이 하나님의 형상으로 창조된 거룩하고 선한 존재라고 믿는다. 사람에 대한 신뢰가 밑바탕에 깔려 있다. 바로 눈앞에서 인간의 이기심과 악함을 보면서도 그것이 전부라고 믿지 않는다. 인간이 악하다는 결론을 도출한 현대의 중요한 사회 과학 실험을 통렬히 까발리는 2부 7-9장은 이 글과 직접적인 연관이 있으니 꼭 비교하며 읽어 보기 바란다.

- 지그문트 바우만의 「현대성과 홀로코스트」(Modernity and Holocaust, 새물결 역간)의 6부 "복종의 윤리학(밀그램 읽기)"에 대해서 비판적으로 검토하고 글에 담고 싶었는데, 여기에나마 내 생각을 적는다. 바우만은 사회가 잔인성을 요구할 때 대부분 순응한다고 본다는 점에서 밀그램에 동의하는 셈인데, 앞서 말했듯이 인간에 대한 세계관이 기독교와 다르다.

하지만 바우만이 제시한 대안은 생각할 거리를 많이 안겨 준다. 그는 "권력의 다원주의와 양심의 힘"을 해결책으로 제시한다. 나쁜 사회가 나쁜 개인을 만들고, 하나의 특정 이념이 무제약적으로 한 사회를 지배하면 히틀러와 나치즘이 발호하기 때문이다. 또한 양심을 우선에 둘 때, 고분고분한 모범생인 줄 알았던 이가 위험을 감수하면서까지 행동에 나서기 때문이다. 사회적으로는 '권력의 다원주의', 개인적으로는 '양심의 힘'이라는 조합은 열렬히 환영한다. 유럽 최고의 사회학자에게 수여하는 아말피 상을 수상한 뛰어난 작품이다.

이참에 지그문트 바우만의 책을 집요하게 읽어 보면 어떨까? 6부를 먼저 읽어 보고 「현대성과 홀로코스트」를 완독하거나, 그의 책에 대한 서평으로 바우만을 이해하도록 도와줄 「지그문트 바우만을 읽는 시간」(임지현 외, 북바이북 펴냄)을 읽는 것도 좋다. 아, "유동하는 세계에서 흔들리며 신을 말하기"(64-70쪽)를 쓴 이가 누구인지는 책에서 확인하시길.

9장	# 사랑한다는 것
	공자의 「논어」 읽기

산다는 건?

산다는 건, 그냥 숨만 쉬고 밥만 먹는 걸까? 짐승들에게는 미안한 말이지만, 그것은 동물적 삶과 다름없다. 인간이 육체를 입고 사는 한, 먹는 것은 가장 기본적인 욕구이고, 이것이 해결되지 않으면 그 다음은 없다. 그런데도 사람은 그 다음, 그 너머의 의미를 추구한다. 사람을 사람답게 살게 하는 것은 무엇일까?

아내와 목회란 무엇일까를 두고 진지하게 대화를 나눈 적이 있다. 나는 '참는 것', 아내는 '기다림'이라고 했다. 우리 서로가 힘들어하는 것이었으리라. 그러고 보니, 저 두 가지는 사랑에 관한 바울의 편지를 닮았다. "사랑은 오래 참고"로 시작하는 사랑의 정의는 "모든 것을 바라며 모든 것을 견디느니라"로 마친다(고전 13:4-7).

그날 이후 목사로서만이 아닌 한 사람의 신자로, 한 인간으로 사는 것은 '사랑'이라는 정의를 얻었다. 사랑하고 싶은데 사랑하기 힘든 이들, 아니 사랑하기 싫은 이들, 그런 이들을 사랑하기에 턱없이 부족한 내 모습에 지치고 곤할 때마다 목사가 된다는 것은 사람을 사랑하는 일이고, 사람으로 산다는 것은 사람을 사랑하는 일이라고 다짐하곤 한다.

그런 내게 「논어」는 사랑하며 사는 것에 관한 큰 공부가 되었다. 너무 익숙한 나머지 진부하기 짝이 없는 사랑이라는 단어가 공자를 만나면서 넓어지고, 기독교의 사랑 이해 또한 깊어졌다고나 할까. 그러면 공자는 누구이고, 그에게서 배운 사랑은 무엇이며, 기독교의 사랑과는 어떤 점이 다를까?

안 되는 줄 알면서 왜 그랬을까?

역사적으로 공자(孔子, BC 551-479)에 대한 평가는 다양하다. 우리에게 익숙한 4대 성인 중 한 사람이고, 유학의 완성자이자 동아시아 정신세계의 지배자다. 「사기」의 저자 사마천(司馬遷)은 공자를 무관의 제왕으로 존숭했다. 나는 공자를 생각하면 자동으로 "안 되는 줄 알면서 왜 그랬을까?"라는 유행가 가사가 떠오른다. '살구'라는 단어를 머릿속에 떠올리는 순간, 입에서 침이 솟듯 말이다.

그것은 「논어」를 정치학적 관점에서 연구하는 배병삼 교수에게서 온 것인데, 그는 「논어」에는 울음이 스며들어 있다고 했다. "나로서는 「논어」를 읽으면서 군데군데에서 공자의 흐느낌 소리를 들었다. 그것에 감염되어 목메었다. 목멤"('한글세대를 위한 논어 1』, 문학동네 펴냄, 7쪽). 개판이 되어 버린 세상에 살면서도 짐승이 되기보다는 인간이고자 했던 사람, 더 나아가 신성한 삶을 꿈꾸고 인간에 대한 신뢰를 포기하지 않았던 사람이 공자다. 「논어」 이면에 흐르는 눈물을 읽지 않으면 공자의 표면만 읽은 것일 터.

「논어」에 흐르는 숨죽인 울음의 진원지를 정확하게 지목하자면, 〈헌문편〉 36장이다. 그곳에서 자로는 성문지기를 만난다. 자로가 공자 문하임을 알고 그는 무심하게 툭 한마디를 던진다. "안 되는 줄 알면서도 그것을 하려는 사람 말이군요." 공자에 대해 비판적인 은자의 말이지만, 공자도 알고 있었다. 안 되는 줄. 그래도 안 할 수 없는 무언가가 있었다.

그것이 무엇이기에 '상갓집 개'라는 멸시를 받으면서도 끝까지 고수했을까? 그 이유를 〈미자편〉 6장에서 알 수 있다. 세속을 등진 은자는 바꿀 수 없는 세상 바꾸려고 헛된 수고 하지 말고 세상 피해 사는 게 낫지 않느냐며 공자에게 핀잔을 준다. 공자는 인간으로 산다는 것은 짐승과 다르고, 사람과 어울려 살 수밖에 없으며, 사람답게 살고 사람다운 세상을 만들기 위한 애씀은 인간의 운명이고 존재 방식이라고 항변한다. 공자의 대답을 조용히 읊조리면 정말 눈가가 붉어진다.

그도 그럴 것이 공자의 시대에는 전쟁이 일상이었다. 500여 년의 춘추 전국 시대는 피비린내 나는 전쟁의 시기였고, 사람들은 그야말로 날마다 죽어 나갔다. 그의 관심은 폭력과 전쟁의 시대를 종식하고 평화와 안정의 세상을 만드는 것이었다. 나 홀로 안전과 안녕을 추구하는 것은 극도의 개인주의로서의 존재 방식일지언정, 보편적 삶의 지향일 수는 없다.

마르틴 부버(Martin Buber)가 말했듯이, '나'와 '그것'이라는 물리적 세상에서 '나'와 '너'라는 인격적 관계를 이루어 가는 것이 인간다움이지 않겠는가. '나'라는 존재는 '너'라는 타자와의 관계 속에서 존재하는 것이지 천상천하에 나 홀로 있다면, 이미 사람이 아니다. 사람 속에 섞여 사는 것이 인간이고, 삶이 폭력과 전쟁으로 망가져 있다면, 변혁하는 것이 사람답게 사는 일일 게다.

사랑이 무엇이냐고 물으신다면

공자의 핵심 사상을 '인'(仁)으로 보는 데는 이견이 없다. '인'의 문자적 의미는 '어질다'이다. 그러나 '어질다'라는 뜻을 지닌 한자로는 '어질 현(賢)'도 있다. 공자는 '현'보다는 '인'으로 자기 사상을 말했다. 때문에, 논어 학자들은 '인'을 '사람다움'이라고 한다. 그러니까 '인'이란 사람을 사람답게 하는 그 무엇이다.

그래서 다산 정약용은 '인'이라는 한자를 풀어서 두 사람 사이의 관계라고 해석했다(『논어고금주 1』, 사암 펴냄, 79쪽). 인(仁)은 둘(二)과 사람(人)의 결합이다. 인간은 홀로 존재하지 않고 관계 속에 있다. 부모와 자녀, 친구, 대통령과 국민, 목사와 교인 등등. 어떤 관계도 홀로 있지 않다. 사람과 사람이 만났을 때, 둘을 이어 주고 맺어 주는 방식이 '인'이다.

그러면 공자는 사람다움을 어떻게 말할까? 가장 대표적인 구절이 〈안연편〉 22장이다.

> 번지가 인(仁)에 대하여 여쭙자, 공자께서 말씀하셨다. "사람을 사랑하는 것이다."

번지는 인이 무엇이냐고 대놓고 묻는다. 공자는 '인'에 대해 직접 말하기보다는 에둘러 표현했기 때문이다. 그 당시 '인' 개념은 친숙한 용어가 아니었고, 쉽고 간단하게 표명될 성질의 것도 아니었다. 그러니 성질 급한 제자가 똑 부러지게 말해 달라며 곧장 치고 들어간 것이다. 그런 제자의 성미를 알아차린 공자도 돌아가지 않는다. 잘라 말한다. "사람을 사랑하는 것이다."

배병삼 교수는 사람을 사랑한다는 것을 세 가지로 해설하였다. 사람의 '몸'을 아끼고, '생명'을 아끼며, 더 나아가 '타인'을 아끼는 일이다(『한글세대를 위한 논어 2』, 530-531쪽). 나와 남의 몸, 생명, 존재를 함부로 대하지 않는 것이 사랑이다. 그러므로 사랑은 사람을 사랑함이다.

그러면 어떻게 사랑할 수 있을까? 유학자들의 공통된 대답은 극기복례(克己復禮)다. 〈안연편〉 1장의 구절로, '극기'란 '자신을 극복한다, 이긴다'는 것이고, '복례'란 '예로 돌아간다'는 말이다. 여기서 '자신'을 단순히 신체적 자기로 해석해서는 안 된다. 내적 자아이고, 내적 욕망이다. '자기를 사랑하다' 또는 '자아 중심주의'라고 했을 때의 그 '자기'다. 좀 더 나아가면, '극복해야 할 자기'란 사사로운 이익을 위해 타인의 자유와 생명을 함부로 침범하는 '나'를 가리킨다.

그러면 '예'란 무엇일까? '예의' 혹은 '예의범절'이다. 타인에게 깍듯이 예의를 다한다는 말이렷다. 공자가 「논어」에서 사용한 '예'의 사용 용례를 보면, 사람 사이의 관계를 규정하는 '하늘의 도' 혹은 '이치'를 말한다. 예의는 내 이익을 위해 타인을 희생시키지 않고 자신의 사익을 좇는 욕망과 싸워 이겨 내며, 타자를 있는 그대로 존중하고 내가 함부로 어쩔 수 없는 귀중한 인격체로 인정한다.

사람이 사람이 아니라면?

이쯤 되면 공자의 '인'은 '신'(神)이라는 절대자 혹은 초월자를 상정하느냐의 차이만 있을 뿐, 기독교의 사랑과 다를 바 없어 보인다. 표현만 다르다 할까? 그런데 '애인'(愛人)에서 논란이 되는 것은 사랑이 아니고 사람이다. "사람이 사람이지"라고 나는 당연하게 읽었다. 허나, 학문은 자명한 것을 다시 따져 묻는 데서 시작하는 법이니, 사람의 신원을 확인하지 않으면, 맥락 없는 그렇고 그런 맹탕이 되고 만다.

공자가 말한 사람은 누굴까? 성균관대학교 유학대학 교수인 신정근에 따르면, '사람'에 누가 포함되느냐에 따라 의미가 달라진다. "사람이 고대 그리스처럼 자유민-인간이라면, 노예-인간은 공자의 인에 해당하지 않는다"(『사람다움이란 무엇인가』, 글항아리 펴냄, 112쪽). 그리스에서 말하는 사람이 자유민이라면, 왕조 국가인 중국에서 사람은 왕과 귀족 같은 통치자 그룹뿐이다.

사람이 '치자'(治者)라면, 평민과 백성을 가리키는 단어는 뭘까? 바로 '민'(民)이다. 지배자는 인(人)이고 피지배자는 민(民)이다. 그러니까 인민(人民)이라고 할 때, 사람은 다스리는 자이고, 백성은 다스림을 받는 자다. 백성은 사람이 아니다.

이 점을 극명하게 보여 주는 문장이 있다. 공자가 나라를 다스리는 대목이다. 일을 처리하면서 신중히 하여 믿음을 얻는 구체적인 방법은 두 가지인데, 물자를 아껴 사람을 사랑하고, 때에 맞춰 백성에게 부역을 시키는 것이다(《학이편》 5장). 여기서 '사람'은 누구일까? '물자를 아끼면', 왕조 국가에서 누구에게 사랑받을까? 그다음 문장에 등장하는 '백성'과 대조시키면 그것은 그냥 보편 명사로서의 사람이 아니라 군주를 가리킨다는 점을 어렵지 않게 알 수 있다.

나의 저 해석은 기실, 『논어』에 관해 가장 강렬한 토론을 불러일으킨 중국학자 조기빈의 책 『반논어』(예문서원 펴냄)에서 온 것이다. 그는 『논어』에서 사용된 인(人)의 용례를 꼼꼼히 검토하고 다음과 같은 결론을 내린다. 전문 용어를 간추려서 인용하면 다음과 같다. "애인(愛人)의 실질적인 내용은 완전히 인(人) 계급 내부에 한정되어 있고 민(民)을 배제할 뿐만 아니라, '인'이 자신의 수중에 정치권력을 장악하여 민으로 하여금 영원토록 '윗사람에게 공경하고 복종하며 직분에 성실하도록' 도모하는 것이다"(76쪽).

공자의 인 사상이 차별적 사랑이라는 것은 공자의 최대 계승자인 맹자의 글과, 공자 당대 사상가들의 비판에서도 여실히 볼 수 있다(「사람다움이란 무엇인가」, 3장과 4장). 먼저 후대의 맹자다. 인에 대한 맹자의 정의를 보자. "인의 실질은 어버이를 섬기는 것이다"(「맹자」, 〈이루편〉 상 27장). "가까운 친척과 친애로 대하고, 백성은 인으로 대하고, 사물은 돌본다"(〈진심편〉 상 45장). 이 두 인용구에서 '인'은 가족이나 혈연관계를 사랑함이며, 그것이 사랑의 시작점이다.

나랑 가장 가까운 사람을 사랑하지 않고서 어떻게 멀리 있는 이웃, 내가 아닌 남을 사랑할 수 있을까? 가족에 대한 사랑에서 이웃 사랑으로, 사회와 사해동포에 대한 사랑으로 확장된다. 바로 그 출발점이 자기 자신이고, 자신을 있게 한 최소 공동체인 가족이 사랑의 일차 대상이고 범주다.

그러나 그것이 사람에 대한 차등이고 차별이라고 본 공자 당대의 사상가들이 있었다. 대표적인 인물이 묵자(墨子)다. 그는 공자의 사랑은 온전한 사랑(겸애[兼愛])이 아닌 반쪽 사랑(별애[別愛])에 지나지 않는다고 비판한다(「사람다움이란 무엇인가」, 120-125쪽). 모두가 자기 자신과 자기 가족을 우선 사랑한다면, 그 사회는 각자의 이기주의와 가족주의가 서로 충돌할 수밖에 없다. 나를 위한다는 것이 어쩔 수 없이 남에게 해를 가하는 일이 되는 셈이다. 그러니 나와 남을 구분하는 차등 사랑이 아니라 구분 없는 평등 사랑이 대안이고 해결이다.

정리하고 넘어가자. 「논어」의 '인'은 한쪽 극단으로 밀고 가면 중국학자 조기빈의 말처럼 봉건 제도를 정당화하기 위한 이데올로기이고, 반대편 극단으로 나아가면 더 이상 아름다울 수 없는 사랑이다. 그냥 신정근 교수의 주장대로, 애당초 가족주의를 부정할 수 없지만 그 안에는 보편 사랑으로 확대될 맹아가 자리했다고 온건하게 정리하자. 그러나 신정근 교수가 옳다 해도, 공자의 사랑은 차별적, 차등적임을 부정할 수 없으리.

사랑해선 안 될 사람을 사랑한 죄

그러면, 예수가 사랑하라고 했을 때의 사람은 누구일까? 사복음서에 나타난 예수의 사랑을 살펴보자. 요한복음에서 사랑은 외부를 향해 뻗어 나감에도 불구하고 일차적으로는 공동체 내부의 것이다. 세상은 서로를 미워하지만, 교회는 서로를 사랑한다. 세상은 서로가 높아지려고 안달복달하지만, 교회는 서로의 발을 씻어 주려고 애쓴다. 그런 점에서 공자의 그것과 비슷하다.

누가복음에서 하나님 나라의 주역은 주변부 사람들이다. 노인과 여성, 이방인, 가난한 자들이다. 마태복음은 더 급진적이다. 요한이

'형제 사랑'을, 누가가 '약자 사랑'을 말했다면, 마태는 '원수 사랑'을 요구한다. 예수의 사상과 윤리를 가장 온전히 담고 있는 산상수훈의 핵심은 '원수도 사랑하라'는 데 있다. 자신을 아끼고, 가족을 우선하며, 이웃을 사랑하는 것은 말처럼 쉽지 않지만, 불가능한 요구는 결코 아니다. 그러나 예수는 더 나아가 "원수를 사랑하며 박해하는 자를 위하여 기도"(마 5:44)하는 것이 참 사랑이라고 가르친다.

공자에게도 원수에 대한 가르침이 있다. "원한은 원한에 합당한 것으로 되갚고, 덕은 덕으로 갚으라"(《헌문편》 36장). 불의에 대한 정당한 미움과 징벌이 있어야 하며, 그렇지 않은 사랑은 사랑이 아니거니와 사회의 근간을 뒤흔들고 질서에 균열을 일으킨다. 이를 조금 더 확장하면, 복수의 정당성도 마련해 준다. 화목과 화해라는 이름으로 정의의 실천을 약화하면, 안 그래도 혼란스러운 정국을 파국으로 몰고 갈 공산이 크다.

거칠게 구분하자면, '원수 사랑 vs. 가족 사랑'의 구도로 정리할 수 있겠다. 끝없이 죽이고 죽는 전란의 시대, 야만의 세계를 어린양과 사자가 함께 뒹굴며 뛰어 노는 세상으로 일구어 갈 사랑의 전략은 무엇이며, 그것은 어떤 사랑일까? 가족 사랑에서 시작하여 원수 사랑까지 이르러야 한다고 말하면 간단하다. 공자가 말한 대로 '화이부동'(和而不同)이 군자의 길이고 신자의 길이니까 말이다. 그러나 양자의 사상적 기반과 사유가 작동하는 시스템과 패러다임이 다르기에 양자의 공통분모가 마땅치 않다.

나는 그 차이를 골똘히 생각해 보았다. 그것은 예수와 공자의 정체성 차이에서 비롯된다. 예수에게는 모든 사람이 자녀이고 가족이다. 그래서 우리는 서로를 '형제', '자매'로 호칭한다. 창조주에게 인간은 어떤 특정 그룹을 배제하거나 차별할 수 없는, 모두가 사랑받는 아들이요 딸이다. 그런 분에게 누군가가 누군가를 미워하는 것은 그분의 몸과 맘을 아프게 한다.

무엇보다도 사람을 위해 자신의 모든 것을 기꺼이 내어 주신 분이다. 바로 십자가의 사랑이다. 십자가란 자신의 온몸을 우리 모두에게 주신 자기희생적 사랑이다. 그런 사랑이 있었기에 좁디좁은 십자가의 길을 마다하지 않으셨다.

우리는 누군가에게는 원수이고, 누군가에게는 죄인이다. 우리는 하나님에게 용서받은 원수이고, 사랑받는 죄인이다. 용서받은 자로 용서하고, 사랑받는 자로 사랑하는 사람이 되는 것, 하늘에서 내리는 비와 세상을 비추는 빛이 빈부귀천, 남녀노소를 따지지 않고 모두에게 공평하게 고루 자신의 은총을 내리듯 사랑하는 것이 사랑의 완성이다.

내 눈에 사람 같아 보이지 않는 사람, 사랑하고 싶지 않고 사랑할 수도 없는 원수의 얼굴에서 하나님의 형상을 보고, 그와 하등 다를 바 없는 내 얼굴을 볼 때, 전쟁은 종식되고 평화는 도래한다. 그것이 사람이 사람답게 사는 길이다. 공자의 사랑에 대한 사상을 대중가요로 푼다면, "안 되는 줄 알면서 왜 그랬을까?"라고 했다. 기독교의 사랑은 "사랑해선 안 될 사람을 사랑한 죄라서"일 것이다. 그 어려운 사랑을 우리 그리스도인은 '해내지 말입니다.'

함께 읽을 책

- 「논어」를 읽으려면 먼저 어느 역본을 읽을지를 고민해야 한다. 그만큼 많이 번역되었고, 앞으로도 새로운 번역이 쏟아져 나올 것이다. 해설 없이 본문만 번역한 대중적인 책으로 홍익출판사에서 출간한 「논어」와, 사마천의 「사기」를 비롯하여 주요 동양 고전을 번역하는 김원중 교수의 역본(글항아리 역간), 그리고 서울대학교 이강재 교수의 역본 「논어: 개인 윤리와 사회 윤리의 조화」(살림 펴냄)를 추천한다. 다시 말하지만, 고전은 원전으로 읽을 것이 아니라면, 번역본을 두 종 이상 대조하면서 읽기를 권한다.

- 앞으로도 「논어」를 계속 공부하고 연구하고픈 내게 「논어」 읽기를 시작하게 해준 책과 저자가 있다. 영산대학교 배병삼 교수의 「논어, 사람의 길을 열다」(사계절 펴냄)이다. 이 책은 청소년용으로("주니어 클래식" 시리즈에 속한다) 「논어」 전부가 아니라 각 편당 중요한 구절 몇 개를 골라서 해설하였는데, 이 책을 읽으며 나는 "아, 「논어」가 재미있구나"라고 생각했다. 더불어 종교나 철학이 아닌 정치사상으로 접근하는 배 교수의 「한글세대가 본 논어」(전2권, 문학동네 펴냄)는 앞의 책을 읽은 다음 정독하면 좋다.

- 그 외에도 훌륭한 해설서가 즐비하다. 이한우 선생의 「논어로 논어를 풀다」(해냄 펴냄), 리링의 「집 잃은 개」(전2권, 글항아리 역간), 신정근의 「공자 씨의 유쾌한 논어」(사계절 펴냄) 외에도 권위와 깊이, 재미를 곁들인 책이 많다.
「논어」에 관한 최고의 주석은 한중일, 세 나라에서 고루 출간되었다. 중국에서는 주자의 논어 해석으로 성백효 선생이 번역한 「논어집주」(한국인문고전연구소 역간), 일본에서는 오규 소라이의 「논어징」(전3권, 소명출판 역간), 우리나라에서는 주자를 능가한다는 평가도 받는 다산 정약용의 「역주 논어고금주」(전5권, 사암 펴냄)가 출간되어 있다. 「논어」를 평생 공부로 삼고 있는 내가 반드시 등반해야 할 산들이다.

9장. 사랑한다는 것

● 사실, 공자의 인(仁)에 대한 내 생각을 확고히 해준 책은 성균관대학교 유학대학 교수이자 유학대학원장인 신정근의 「사람다움이란 무엇인가」(글항아리 펴냄)였다. 그는 어질 인(仁)의 개념의 역사를 두루 살피면서 어떻게 변화되고 재해석되었는지를 고찰한다. 공자가 말한 '인'이 오늘 우리가 생각하는 것과 달랐다는 점, 당대에도 묵자나 노장자의 비판이 있었다는 점, 시대 변천에 따라 포괄적이고 포용적인 개념으로 바뀌어 왔다는 점을 알 수 있었다. 공자는 군주와 치자의 미덕으로 '인'을 요구하였다면, 예수의 사랑은 모든 사람에게 요청된 것이라는 차이가 놀라웠다. 그래서 나는 예수쟁이고, 목사인가 보다.

10장

쉬다는 것

폴 라파르그의 「게으를 수 있는 권리」 읽기

그건 불순종이에요

아끼는 후배 목사가 공황 장애를 앓았다. 교회는 1년간 안식년을 허락해 주었고, 외국에 다녀오고 제주도에 머물다가 부산 온 김에 들렀다. 내가 쓴 「내 안의 야곱 DNA」를 읽고 꼭 보고 싶었단다. 단지 육체적이거나 심리적 스트레스만의 문제는 아니었다. 그보다 훨씬 근본적인 문제로 깊은 성찰과 투쟁을 벌이고 있었다. 교회다운 교회, 복음을 복음 되게 하는 것에 관한 원초적 물음을 품고 씨름하고 있었다.

육체적, 정신적 고통을 들었을 때는 울었다. 이게 비단 그만의 일이겠는가. 담임 목회자로서 지고 가야 할 숙명, 십자가의 길이다. 그러다가 그가 내 삶을 뒤흔들 만한 강펀치를 날렸다. 약간의 일중독이 있는 내게, 무언가를 열심히 하지 않으면 안 된다고 나 자신을 끊임없이 독려하는 내게 날린 그의 한마디는 얼얼하다 못해 아팠다.

"너무 열심히 일하는 것은 불순종이더라고요. 안식을 지키지 않는 것은 십계명을 어긴 거니까요."

순간 머릿속이 하얘졌다. 머리를 한 대 세게 맞은 듯했다. 아니, 차라리 의식을 잃었다고 해야 맞을 게다. 열심히 일하는 것이, 부지런히 사역하는 것이 불순종이라고? 그것이 안식을 지키라는 하나님의 계명, 바로 십계명을 위반한 것이라고? 나는 소심하게 저항했지만, 곧바로 진압당했다. 안식 없이 노동하는 것은 하나님이 설계하신 창조 질서에 순응하지 않는 것이다. 하나님의 뜻에 불충한 것이지 충성된 것이 아니었다. 나는 주님을 위해 충성된 일꾼으로 일하고 섬겼거늘, 자부했거늘, 불순종이라니.

헤어진 다음, 충격이 가시지 않은 상태에서 내가 끄집어낸 책이 두 권 있었다. 하나는 한병철 교수의 「피로사회」(Müdigkeitsgesellschaft, 문학과지성사 역간)다. 한병철 교수는 한국인으로는 드물게 독일에서 주목받는 그야말로 스타 철학자다. 길고 긴, 그래서 머리와 꼬리를 구분할 수 없을 정도로 난삽하고 난해한 독일어 문장이 아닌 기름기 전혀 없이 군더더기 하나 없는 단문으로 툭툭 치고 가는 문장과, 기존의 사유를 뒤집는 전복적 세계관으로 독일에서 인정받고 한국에 상륙해서 열광적 지지를 받았다.

그의 주장은 이러하다. 현대 사회를 규정짓는 정신적 질병은 '우울증'이다. 이전 사회에서는 '무엇 무엇을 해서는 안 된다'라는 규율이 지배했다면, 지금은 '나는 할 수 있다'라는 무한한 자기 긍정이 통치하고 있다. 허나, 인간이란 존재는 무제약적이지도 않다. 무한한 자기 긍정은 자기 스스로 설정한 과제와 성과를 이루어 내지 못하며, 자아는 피로하고 우울해진다.

그러나 그의 주장은 반은 맞고 반은 틀리다. 외부의 강요가 아닌 자기 스스로 닦달한다지만, 직장인들에게 물어보라. 아무도 하지 말라고 하는데, 야근을 하고 공휴일을 반납하며 일하는지. 현대 사회는 은근히, 한국 사회는 대놓고 부채질한다. 사자에게 먹히지 않으려면 가젤은 뛰고 또 뛰어야 한다, 죽을 때까지. 아니 사자에게 먹혀서 죽는 것이 아니라 한도 없이, 끝도 없이 달리다가 죽고 만다.

쉼 없이 일하는 우리에게 필요한 것은 한병철 교수의 다음 책 「시간의 향기」(Duft der Zeit, 문학과지성사 역간)처럼 신학적으로 말하면 묵상하는 시간, 인문학적으로는 성찰하는 시간의 여유다. 이것이 피로사회의 대안이다. 사람은 정녕 기계가 아니다. 기계가 망설이거나 머뭇거리지 않는다면, 인간은 그 주저하는 시간, 이른바 '멍 때리는' 시간 속에서 내가 나일 수 있는 것이다. 그러자면, 일은 줄이고, 쉼은 늘리는 것이 순종하는 길이리라.

이런 사람이 썼다고요?

그때 내가 다시 읽은 책이 「피로사회」와 함께 이 책, 폴 라파르그(Paul Lafargue, 1842-1911)의 「게으를 수 있는 권리」(Le droit a la paresse, 새물결 역간)다. 하루 3시간만 일하고 나머지는 여가를 즐길 권리를 옹호하는 이 책은 저자의 특이한 경력 때문에 시선이 머문다. 출간된 시점을 고려하면 더더욱 놀랍다. 독자들은 여기서 잠깐 멈칫했을 것이다. "3시간? 3시간이라고? 겨우 그 정도 일하고 나머지는 놀자고?" 그렇다. 미쳐서 미친 게 아니라 우리를 미치도록 행복하게 하는 이 미친 주장이 창조의 원리이자 십계명의 안식을 누리게 하는 하나의 길이다.

그의 주장만 경악스러운 것이 아니다. 이 사람 폴 라파르그는 칼 마르크스의 사위다. 마르크스의 세 딸 중 둘째인 '라우라'의 남편이다. 그랬기에 그는 마르크스의 사상을 알기 쉽게 대중에게 전달하는 것을 자신의 일평생 과업으로 삼았다. 그 대표적 저술이 「자본이라는 종교」(La religion du Capital, 새물결 역간)다. 장인이 자본주의를 정치 경제학으로 접근했다면, 사위는 종교로 파악했다. 자본주의가 하나의 종교임을 역설하기 위해 그는 주기도문이나 사도신경을 슬쩍 패러디해서 신을 숭배하듯 자본을 숭앙하는 자본주의를 비꼬고 조롱한다.

하지만 그는 마르크스의 사위일 뿐, 마르크스가 아니다. 즉, 마르크스와 별개의 인격체이자 사상가로 읽어야 한다는 말이다. 오히려 라파르그를 한눈에 볼 수 있는 키워드는 그의 가계도다. 그는 1842년,

쿠바에서 태어났다. 아버지는 스페인계, 어머니는 프랑스계 유대인이다. 조부모 중 한 사람은 자메이카 출신의 인디오, 다른 한 사람은 아이티 출신으로 백인과 흑인의 혼혈인 물라토다. 그는 특정한 순수 혈통과 민족의 적통이 아니라 처음부터 어느 곳에도 소속되지 않은 자유로운 영혼의 사람이다.

아, 그래서인가. 그의 성격은 상당히 낙관적이며, 활동적이고 활발하다. 그것이 지나쳐서 충동적이고 저돌적이다. 그래서 장인은 라파르그의 미숙함과 과격함을 걱정하면서도 종종 놀리곤 했다. 이런 그의 성격은 죽음을 맞이하는 태도에서도 엿볼 수 있다. "이념적으로 쾌락을 긍정했으며, 오직 즐거움으로 가득한 삶만이 살 만한 가치가 있다고 믿었다." 그래서 그는 더 이상 즐거울 수 없다고 생각했을 때, 아직 건강함에도 유서를 남기고 서둘러 이 땅을 떠났다.

3시간이면 충분하다

하루 3시간이라니. 주 40시간 노동을 외치지만 현실은 그마저도 이상적이라는 비웃음을 사기 일쑤다. 21세기, 경제적으로 10위권에 드는 우리나라에서도 주 5일, 하루 8시간만 일하는 것은 무리라며 난색을 표하는 마당에 1883년에 3시간 노동이라니! 지금으로부터 140년 전, 감옥에서 혁명적 발상이 주창되었다는 점이 신기하고 신비롭다.

이 주장이 그리 낭만적인 현실에서 외쳐진 것이 아니라는 점은 당대의 노동 현실을 보면 단번에 알 수 있다. 라파르그가 활동하던 프랑스만 해도 노동자들은 매일 14시간 또는 16시간 동안 꼬박 일했다. 물론, 여기에는 점심 식사 시간과 약간의 휴식 시간이 포함되어 있다. 그걸 빼도 최소 12시간이다. 그 시간 동안 기계의 노예가 되어, 기계처럼 일해야 했다. 해서, 그 시대의 박애주의자들은 노동 시간을 14시간에서 12시간으로 줄일 것을 요구했다.

이것이 얼마나 가혹한 일이었는지 두어 가지 다른 사례를 보면 단박에 알게 된다. 6, 7세 아이들이 방적 공장에서 14시간 혹은 16시간 노동을 한다고 생각해 보라. 당시 사망률이 높았던 여러 이유 중 하나가 이러한 살인적인 노동 시간과 노동 강도 때문이었음을 추측하는 것은 그리 어렵지 않다. 식사와 환경도 열악했다.

저자가 제시한 또 다른 예를 보자. 감옥 안의 죄수도 10시간을 일하고, 서인도 제도의 노예들은 프랑스 노동자보다 훨씬 적은 9시간을 일한다. 노동자가 죄수보다, 노예보다 못한 처지로 전락하였다. 사람이 사람이 아니다. 인문학이 인간의 삶을 인간답게 가꾸는 것이고, 인간 자신의 행위에 대해 비판적 거리를 확보하고 되돌아봄이라고 한다면, 과연 노동은 무엇이고, 누구를 위한 것인지를 정면으로 응시하지 않을 수 없다.

저 자체로도 인간의 비인간화가 심각한데, 삶의 질이야 말해 무엇하리. 비단옷을 생산하는 노동자는 제 몸에 걸칠 옷도 변변찮고 몸단장할 겨를도 없다. 뼈 빠지도록 노동해서 생산한 것인데도 저 자신이 소비하고 즐길 돈이 부족하고, 시간은 턱없이 모자란다. 저만큼 일했으면 최소한 삶의 안정과 물질적 기반이 확보되어야 마땅한데도 가난과 실직을 벗어나지 못한다. 단란한 가족을 죄다 일터로 내몰고 노동력을 비틀어대니 가정은 파탄 직전이다.

그러므로 다음 문장은 이 책의 백미다. "고귀하고 신성한 이 '게으를 수 있는 권리'를 선언해야만 한다. 하루에 3시간만 일하고, 나머지 낮과 밤은 한가로움과 축제를 위해 남겨 두는 습관을 들여야 한다"(51쪽). 이는 여타의 해방 선언보다 더 근본적이고 혁명적이다. '인권 선언'이나 '노동할 권리'(83쪽) 이상으로 이것은 인간다운 삶을 보장해 주는 기초적인 주장이다.

이쯤이면 반문이 터져 나올 것이다. 저 정도 일하는 사회가 과연 유지될 수 있겠는지를. 라파르그는 산업 혁명의 나라 영국의 사례를 제시한다. 그가 보기에 영국이 당시 세계 경제 1위를 달린 것은 장시간 노동을 엄격하게 금지했기 때문이다. 노동 시간을 하루 10시간 이하로 제한한 점이 제일의 산업 국가로 자리매김하게 했다. 노동 시간을 2시간 단축한 결과, 영국의 생산성은 무려 3분의 1이나 증가했다.

그렇다면 영국이 노동 시간을 줄이기 전에는 어땠을까? 폴 라파르그가 게으름을 권리라고 주장한다면, 버트런드 러셀(Bertrand Russell)은 종교적인 찬양도 마다하지 않는다. 그에 따르면, 성인 남성은 15시간, 아이들도 보통 12시간씩 일했다(「게으름에 대한 찬양」, 사회평론 역간, 23쪽). 절반의 인구는 과도한 노동에 시달리고, 나머지 절반은 실업과 실직 상태였다. 그럴 바에는 노동 시간을 줄여서 모든 사람이 공평하게 일하고, 나머지는 여가와 의미 있는 일에 쓰자는 것이다.

아무튼, 영어판 역자는 각주에 미국의 경우를 또 하나의 본보기로 제시한다. 미국이 영국을 앞선 것은 영국보다 훨씬 적은 노동 시간 때문이라는 것이다(71쪽). 그래서 그는 반문한다. "하루 노동 시간을 3시간으로 제한하면 얼마만큼의 숨 막힐 듯한 속도로 프랑스의 생산이 증가하겠는가." 인간에게 인간다운 삶을 보장하는 것은 쉼 있는 노동이다. 노동이 있는 쉼이라 해도 되겠다. 안식일이 나머지 6일의 삶을 존재하게 하고 가능하게 하듯이, 여가와 한가로움이 노동과 활동의 근거다.

그런데도 그런 삶을 가로막는 장애는 무엇일까? "하나의 유령이 떠돌고 있다, 공산주의라는 유령"이라는 말로 시작되는 저 유명한 「공산당 선언」(Manifest der Kommunistischen Partei)의 첫 구절만큼이나 이 책의 첫 문장도 강렬하다. "자본주의 문명이 지배하는 국가의 노동자 계급은 기이한 환몽에 사로잡혀 있다." 그 환몽이란 다름 아닌 노동을 성스러운 것으로 여겨 자신의 몸과 마음을 바쳐 충성을 다할 것을 경건하게 맹세하는 것이다.

인간이 여타의 생명체와 존재와 근본적으로 다른 점은 노동한다는 것이고, 노동의 가치만큼 인간은 그 값어치를 지닌다는 환상에 사로잡혀 있다, 바로 노동자들이. 그러니까 한병철 교수의 주장처럼, 외부의 누군가 또는 무언가가 아닌 자기 스스로 자신의 고혈을 짜내는 것은 예나 지금이나 하나도 달라진 바 없는 것이다.

여기에 일조한 것이 우리 개신교다. 18세기 사회학의 최고 저술이

자 앞으로 수 세기 동안 고전의 반열에서 벗어나지 않을 불후의 명작인 막스 베버(Max Weber)의 「프로테스탄티즘의 윤리와 자본주의 정신」(Die Protestantische Ethik und der Geist des Kapitalismus)이 그것이다. 칼뱅으로 대표되는 개신교의 금욕과 근면 정신은 근대의 경제 이데올로기와 정확하게 맞아떨어졌다.

종교가 자본주의 형성과 발전에 작게나마 일조했고, 역으로 자본주의적 발전 양식을 따라 종교도 확장되었다. 둘의 관계는 그리 가볍지 않고 복합 미묘한 것이라서 정면으로 다투지 않겠지만, 어찌 되었건 베버에 따르면, 근대 개신 교회는 자본주의 발전에 지대한 영향을 끼쳤다.

라파르그는 창세기와 산상수훈을 예로 들며 하나님의 뜻은 노동이 아니라 안식이라고 역설한다(27-33쪽). 노동은 타락한 인간에 내린 신의 형벌이었고, 예수께서는 하나님이 친히 먹이고 입히는 것을 믿으라고 명령하셨다. 인간은 신의 저주를 축복으로 변질시켰고, 종교는 신의 이름을 빌려다가 정당화했다.

종교가 반드시 그랬던 것은 아니다. 공휴일을 줄여 달라는 프랑스 왕의 요청을 교회는 단호하게 거절했다. 중세 교회법은 "노동자들에게 90일의 휴일, 52일의 일요일과 38일의 공휴일을 보장했다"(55쪽 각주 11). 지 날수를 합산하면, 무려 1년의 절반이 쉰 셈이다, 180일이니까 1년 365일에서 2, 3일 모자라는 절반이다. 하루 일하고 하루 쉬었다.

십계명의 열째 계명에서 보듯이 탐욕이 일만 악의 근원이기에, 노동을 통한 수입 중대는 탐심이고, 그것은 필히 다른 누군가의 삶을 해치는 것이 되고 만다. 게다가 하나님의 창조 목적은 노동이 아니라 안식이었다. 나는 청중에게 종종 묻는다. "하나님은 이 세상을 며칠 동안 창조하셨나요?" 대부분 "6일이요"라는 대답을 듣는다. 그러나 창세기를 보라. 7일 창조다. 무슨 말인가? 하나님은 일곱째 날 쉬셨는데 어떻게 7일이냐고? 그렇다. 안식한 일곱째 날도 하나님이 창조한 하루다.

우리가 패닉에 빠질 내용이 저 창조 이야기에 담겨 있다. 첫날부터 여섯째 날까지는 "저녁이 되고 아침이 되니 이는 ……째 날이니라"라는 구절이 반드시 있다(창 1:5, 8, 13, 19, 23, 31). 그런데 일곱째 날에는 없다(창 2:1-4). 잃어버린 한 드라크마를 찾던 여인의 열정과 열심으로도 찾을 수 없다. 구하고 찾고 두드리면, 받고 찾아내고 열린다고 했어도 7일이 지나 8일이 되었다거나, 다시 첫째 날이 돌아왔다는 내용은 일언반구도 읽을 수 없다. 없으니까.

무슨 말인가. 하나님이 창조한 그날부터 지금까지가 일곱째 날인 거다. 다음 날이 되었다고 하나님이 선언하시거나 모세가 그 말을 기록하지 않은 이상, 지금은 아직도 창조 때의 그 일곱째 날이다. 하나님이 안식하시고, 우리 모두 안식을 누려야 할 날인 것이다. 창조의 완성은 안식이다. 창조의 정점이자 절정은 모든 피조물의 안식이다. 하나님이 세상을 창조하신 목적은 노동하는 인간 이전에 놀이하는 인간, 안식하는 인간이었다. 이것이 성경이 바라본 창조 질서이고, 법칙이며, 성경적 인간관이다.

그리고 보면, 고대의 어느 민족도 어느 시대도 오늘날의 자본주의 사회처럼 노동을 신성하게 여긴 적이 없다(85쪽 이하). 대표적인 나라가 고대 그리스와 로마다. 이들은 모든 노동을 노예에게 맡겼다. 자유 시민은 국가와 사회로부터 돈을 받고 일하는 것을 수치로 여겼다. 심지어 자신들의 기품을 훼손한다는 이유로 노예가 아닌 여인들이 실을 잣고 바느질하는 것조차 허락하지 않았다.

저들과 달리 노예 출신의 히브리인은 모든 사람이 노동하고 모든 사람이 안식을 누리는 사회를 설계했다. 창조주 하나님도 엿새 동안 노동하셨으므로 왕이든 귀족이든 상관없이 그 어떤 인간도 노동해야 한다. 왜냐, 창조주가 노동했고, 피조물의 본질은 하나님을 닮는 것이기 때문이다. 그의 사회적 신분과 지위는 하나도 중요하지 않다. 하나님처럼 노동하고, 하나님처럼 안식하는 것, 이것이 히브리적 세계관과 그리스 로마적 세계관의 결정적 차이 중 하나다.

이제 와서 쉬라

"노동이 종교"(the religion of work, 36쪽)라는 라파르그의 글은 새로운 세기가 시작된다고 떠들썩하던, 약 스무 해 전의 한 대화를 떠올려 주었다. 박사 학위 논문을 위해 한 달가량 풀러 신학교를 방문했고, 로스앤젤레스 근교의 어느 집에서 지낼 때다. 학교 앞 한 식당에서 햄버거를 먹는데 어디선가 익숙한, 그러나 어색한 한국말이 들리지 않는가. 둘러봐도 한국 사람은 없다. 내 맞은편 끝 테이블에서 식사하던 미국인들이 크게 웃고 있다. 책상을 치며 "빨리빨리"를 연발하면서.

홈스테이를 하는 집으로 돌아와서 그곳에서 우연히 만난 60대 초반의 대학 선배에게 그 이야기를 들려주었다. "한국 사람들은 2년 만에 완공해야 할 건축물을 1년 만에 완성했다고 자랑합니다. 그건 잘못된 겁니다. 2년 일해야 하는 것은 2년 동안 일해야지요. 한두 달 앞당길 수는 있어도 절반을 단축하는 것은 위험합니다. 그래서 삼풍백화점이 무너지고 성수대교가 붕괴한 거지요."

그건 라파르그의 말이다. "1년 동안 할 일을 반년 만에 해치우나?" (69쪽) 빨리빨리 병은 한국 사람만의 것은 아닌가 보다. 노동을 종교로 섬기는 사회는 그 어디나 기계처럼 일하도록 인간을 닦달한다. 찰리 채플린의 영화 〈모던 타임즈〉(Modern Times)의 한 장면처럼 식사하면서도 노동하는 기계를 고안하고, 화장실에서 잠시 쉬는 것도 감시하며 '일하라, 쉬지 말고 일하라'고 주문한다.

그런데 이제는 라파르그의 주장처럼 하루 3시간만 노동하는 사회를 강요당하게 될지도 모르겠다. "노동이 금지되고 여가가 강제되는 상황"이 곧 도래할 것이다. 인공 지능(AI) 시대 말이다. 인공 지능이 발달하고 기계화가 심화될수록 사람의 일자리는 줄고, 기계가 사람을 대체하는 비율은 높아만 간다. 노동하려 해도 할 수 없고, 쉬고 싶지 않아도 쉬어야 하는 세상이 다가오는 중이다.

실제로 저자는 그런 시대를 예감했다. 이 책의 맨 마지막 문장이다. 여전히 노동을 숭배하고 인간을 노예화하는 사람들은 "기계가 바로 인류의 구원자로, 천박한 일과 돈 때문에 하는 노역에서 인류를 구원하고 자유를 마련해 줄 신이라는 사실을 전혀 이해하지 못하고 있다"(92쪽). 그가 말한 기계가 지금으로는 인공 지능이라 하겠다. 인공 지능이 사람이 해야 할 많은 일을 대체하면서 인간은 노동 현장에서 기계에 의해 쫓겨날 판이다. 그것이 라파르그가 예상한 대로 인간 해방이 될지, 여전히 종속과 가난의 시대가 될지 우둔한 나로서는 예단하지 못하겠다. 섣부른 환상은 희망 고문이 아니던가.

목회자는 3시간 노동으로 생활할 만한 물적 토대가 마련되어 있지 않다. 목사요 저자인 나도 다르지 않다. 글만 써서는 밥 먹고 살기가 어렵다. 거의 불가능에 가깝다. 허나, 나는 단 하나의 일에 오롯이 3시간의 노동을 하려 한다. 다름 아닌 성경 묵상이다. 나는 성서유니온선교회에서 발간하는 〈매일성경〉을 따라 날마다 말씀을 묵상한다. 얼마 전부터 하루 일과 중 성경 읽고 글을 쓰는 데 3시간에서 4시간 정도 바치고 있다.

다른 저술 작업에 지장을 초래하고 몸이 무척 고되지만, 나는 포기하거나 양보할 의사가 없다. 이보다 더 달달한 노동이 없기 때문이다. 그 외에도 해야 할 노동의 강도와 정도가 늘어나면 늘어났지 결코 줄어들 기미는 없지만, 그것이 내 영혼을 위한 노동, 내 영혼의 노동이기에 나는 게으를 수 있는 권리를 쟁취했다. 자, 다 썼다. 이제 가서 쉬자.

함께 읽을 책

- 쉼에 관한 최고의 고전은 성경, 그중에서도 십계명이다. 바로 안식일 말이다. 창조가 완성된 날은 여섯째 날이 아니다. 사람의 창조에서 완성된 것이 아니라는 말이다. 창조의 완성은 일곱째 날이다. 일곱째 날은 안식일을 창조한 날이다. 사람더러 죽어라 일하라고 몰아세우는 시대, 그렇게 죽도록 일해도 안 되니까 스스로 목숨을 끊는 죽음과 죽임의 시대에 하나님은 말씀하신다. "내가 너를 창조한 것은 네가 안식을 누리는 삶, 즉 '저녁이 있는 삶'과 '주일이 있는 삶'을 누리게 하기 위해서란다."

안식을 매우 탁월하게 다룬 책이 많다. 복음주의 진영에서는 마르바 던의 「안식」(Keeping the Sabbath Wholly, IVP 역간), 진보적 진영에서는 월터 브루그만의 「안식일은 저항이다」(Sabbath as Resistance, 복있는사람 역간), 유대교에서는 아브라함 헤셸의 「안식」(The Sabbath, 복있는사람 역간)이 있다. 던의 책은 부제를 보면 그 내용을 쉽게 알 수 있다. "그침, 쉼, 받아들임, 향연." 시작은 일을 하지 않는 것이다. 쉼이 되기 위한 최소이자 절대 전제 조건이다. 무조건이다. 하던 일을 지금 당장 그쳐야 쉼이 시작된다. 그러나 종내는 향연, 축제가 되어야 한다는, 이제는 고인이 된 던의 목소리가 그립다.

브루그만의 책은 제목과 목차에 유념하라. 안식일이란 무언가에 저항하는 날이라는 뜻이다. 불안, 강요, 배타주의, 과중한 일에 저항하는 날이다. 나는 특별히 배타주의에 저항하는 날이라는 4장을 읽으며 충격을 받았다. 허투루 넘어간 본문이었는데 4장을 보면서 "와우, 이건 혁명인데?!"라는 감탄이 절로 나온다. 스포일러는 금지이니 더는 말하지 않겠다.

"우리가 안식일을 지키는 것이 아니라 안식일이 우리를 지킨다"는 명언을 들어본 적이 있을 것이다. 바로 헤셸의 책에 나오는 말이다. 유대인 학자답게 그는 유대인이 안식일을 지키는 모습을 구체적으로 보여 주고, 그 의미를 해석한다. 그리고 예전적이다. 안식일의 신비를 엿볼 수 있다. 어떤 것은 그대로 따라 하고 싶고, 살짝 변형하고픈 것도 있다. (그러자면 먼저 읽어야겠지요?)

● 쉼에 관한 성경의 가르침으로 안식을 다루는 책을 소개했으니, 이제 인문학 진영으로 넘어가 보자. 현대에는 노동과 안식에 관해 허먼 멜빌의 단편「필경사 바틀비」(Bartleby, the Scrivener)를 둘러싸고 치열한 논전이 벌어진다. 무미건조하게 단순한 필사를 반복하는 바틀비와 그의 죽음을 어떻게 읽느냐에 따라 극명하게 갈린다. 한쪽은 순응과 체념으로, 다른 한쪽은 저항과 대립으로 읽는다. 당신은 어떻게 읽을지 궁금하다.

다음으로 재독 한국인 철학자 한병철은 현재 우리가 사는 사회를 「피로사회」(문학과지성사 역간)라고 규정한다. 이전에는 나 자신 바깥의 누군가가 나를 억압하고 착취하였다면, 지금은 바로 나 자신이 나를 강압하고 가혹한 노동으로 내몰고 있다고 주장한다. 나는 그의 해석에 절반의 진실과 절반의 거짓이 실려 있다고 본다. 예나 지금이나 앞으로도 우리가 어떤 사회를 살든, 그곳은 애굽 체제일 것이며, 바로가 제정한 가혹한 노동조건에서 생사와 생존을 위협받으며 살아갈 세상이라는 점은 절대 변하지 않을 것이다. 그러나 그 어느 때보다 자기가 자기를 고용하고, 자기가 자기를 혹독하게 노동시킨다는 그의 지적은 일리가 있다. 하루를 쪼개고 쪼개서, 시, 분, 초 단위로 일하도록 명령하는 자는 바로 나 자신이니까.

그가 제시하는 대안은 일명 '멍 때리기'다. 고상하게 말하면 '머무름의 기술'이다. 그는 「시간의 향기」(문학과지성사 역간)에서 기독교인이 말하는 '묵상'이 대안임을 역설한다. 사람과 동물의 차이는 뭘까? 생각한다는 것이다. 그래서 소크라테스는 성찰하지 않는 삶은 살 가치가 없다고 했고, 톨스토이는 성찰하지 않는 삶은 동물과 같다고 했다. 한병철은 사람과 기계의 차이에 주목한다. 기계는 망설이거나 주저하지 않는다. 그러나 인간은 머뭇거린다. '사색하는 삶'이다. 아주 빨리 급하게 해치우는 것이 아니라 사소한 일을 하더라도 아주 오래 음미하는 것, 기계처럼 노동하는 삶이 아니라 사람답게 묵상하는 삶을 권한다. 어떤가. 사람답게 살고 싶지 않은가? 이 책을 읽으라. 그리고 묵상하라!

11장 죽는다는 것

엘리자베스 퀴블러 로스의 「죽음과 죽어 감」 읽기

죽은 아버지

아버지가 죽었다. 시편이 노래했듯, 터가 무너지는 경험이었고, 나는 아버지 없는 세상에서, 아버지가 죽은 세상에서 어찌 살아야 하는가를 숱하게 캐물었다. 이전과 이후는 달랐다. 이전으로 돌아갈 수 없고, 이후의 삶은 신산했다. 어머니는 과부가 되었고, 나와 형제들은 고아가 되었다. 어촌이지만 제법 큼직한 마을에서 땅 사고 집 사서 떵떵거리고 살 때쯤, 그분은 돌아올 수 없는 길을 건넜다. 죽음 하나로 내 인생의 BC와 AD가 갈라졌다.

왜 그랬을까? 시골 교회 학생부는 예배 때마다 꼬박꼬박 출석을 불렀고, "아멘"이라고 간단히 답하거나 성경 한 구절을 암송하곤 했다. 나의 단골 메뉴는 전도서 1장 2절이었다. 헛되다는 말이 무려 다섯 번이나 등장하는 솔로몬의 바로 그 구절 말이다. 죽음은 고작 중학교 1, 2학년 남자아이를 고뇌하는 철학자로 만들었고, 회의하는 허무주의자가 되게 했다. 죽으면 끝이다. 죽어 버리면 끝장이다.

그리하여 '죽음', 두 자만 볼라치면 소스라치게 놀라는 겁쟁이가 되었다. 죽음보다 무서운 것은 없으며, 죽음만큼 인생을 고달프고 서럽게 만드는 것도 없다. 대학 시절, 마르크스에게 매료되었으면서도 키르케고르, 도스토옙스키, 카뮈 같은 실존주의에 함빡 빠져들고, 지금도 그 언저리를 서성거리는 까닭은 '죽음' 때문이다. 하이데거는 아예 인간을 죽기 위해 태어난 존재라고 하지 않았던가. 죽음은 '공포와 전율'이다.

실존주의자와 실존주의 신학자들은 인간을 정의하기를 '유한성'이라고 했다. 여기서 '유한성'이란 죽음을 말한다. 아무리 오만방자해도 공평한 죽음 앞에서는 인간임을 자각한다. 그 누구도 어쩔 수 없고, 어쩔 줄 몰라 쩔쩔매는 죽음을 통해 '나는 인간이로구나, 신이 아니로구나, 신이 필요하구나'라고 인정하게 만든다. 죽을 수밖에 없는 존재가 아니라 죽기 위해 태어난 존재, 한계를 인식하는 존재가 인간이다.

내가 예수를 믿게 된 자초지종을 이따금 성찰해 보면, 아비 없는 자식에게 하나님이 아버지가 되어 주셨기 때문이다. 그러나 그 못지않게 죽음의 문제에 대한 해답을 주었기 때문이다. 아시아의 종교들은 죽음을 삶의 일부로 자연스럽게 받아들인다. 의연하다고 해야 할까, 태연하다고 해야 할까, 뭐 그런 태도를 견지한다.

황동규 시인의 연작 시편 「풍장」(문학과지성사 펴냄)을 읽은 적이 있다. '풍장'이란 사자(死者)의 시신을 볕이 잘 드는 나무나 바위에 올려놓고 비바람과 함께, 세월과 함께 그렇게 소멸하여 자연으로 돌아가게 하는 장례법이다. 우리나라 서해의 일부 도서 지역에서 행해졌다고 한다. 죽은 자를 바라보는 초연한 태도, 생활 터전의 일부에 들어와 있는 망자. 그것은 유한성에 몸서리치는 내게 하나의 대답이 될 수 있을까?

그 혹은 그들의 죽음이 아닌 소유격 '나의'를 필요로 하는 가족과 친구의 죽음을 남의 죽음인 양, 울지 않고, 통곡하지 않고, 대범하고 대담하게 받아들일 수 있는 걸까? 죽음이란 그런 걸까? 아비의 죽음이 남긴 충격으로 내 인생 전체가 출렁거렸고, 약 40년이 지난 지금도 가슴 한편이 아려 오는데, 나그네와 행인처럼 멀찌감치 바라보는 것이 가능할까? 아니 가당키나 할까?

죽어 가는 자의 어머니

엘리자베스 퀴블러 로스(Elisabeth Kübler-Ross, 1926-2004)는 1926년생이다. 퀴블러 로스의 부모는 스위스 취리히의 전형적인 상류층의 보수적인 사람들이었다. 아버지는 완고했고, 어머니는 다정했다. 퀴블러 로스는 세쌍둥이 중 첫째로 태어났다. 고작 900그램의 몸무게로. 어머니도 구분하기 어려울 때가 있었다고 하니, 퀴블러 로스에게 세쌍둥이는 악몽이었다.

그래서 그런가. 퀴블러 로스는 자신의 자서전, 「생의 수레바퀴」(The Wheel of Life, 20쪽)에서 아주 어린 시절부터 자신의 정체성을 고민했다고 말한다. 비슷하지만 결코 같을 수 없는 자신의 정체성에 맞는 삶을 고민했기에 엄격하고 권위적인 아버지의 강요에도 의사라는 자신의 길을 고집한다. 그리고 미국인 의사와 결혼하여 뉴욕으로 이주한다.

그랬던 그가 죽어 가는 자의 어머니가 된 것은 두 가지 경험 때문이었다. 하나는 여성으로서의 경험이다. "네 번 유산을 경험하고 두 아이를 낳은 여자로서 나는 죽음을 생명의 자연스러운 사이클 일부로 받아들였다. 달리 선택의 여지가 없었다. 피할 수 없는 일이었다. 그렇지만 의사는 대부분 남자였고, 극소수를 제외하면 죽음을 실패 또는 패배라고 생각했다"(「생의 수레바퀴」, 157쪽).

죽어 가는 환자들과의 면담을 통해 학문적 연구를 수행하고, 그들이 좋은 죽음을 맞을 수 있도록 돕는 것을 남성 의사들은 상당히 꺼리고 차갑게 대했다. 남성 의사들에게 죽음은 나와 마찬가지로 허무한 끝이었다. 인생을 성공과 실패라는 단일 키워드로 바라보는 한, 죽음은 언제까지나 실패로 남아 있을 것이다.

반면, 퀴블러 로스는 죽음에서 무언가를 배울 수 있다고 믿었다. 죽음만큼 탁월한 스승은 없다. 성공과 실패라는 잣대 사이에는 넓고 옅은 회색지대가 없다. 삶은 성장하는 것이고 서로 사랑하는 것이라고 규정한다면, 죽음을 더 너그럽게 맞이할 수 있다. "삶의 유일한 목적은 성장하는 것이다. 우리의 궁극적인 과제는 무조건 사랑하고 사랑받는 법을 배우는 것이다"(「생의 수레바퀴」, 300쪽). 성장에는 성공도 없고, 실패도 없다. 자기만큼 배우면 되고, 사랑하고 사랑받으면 되는 것뿐.

다른 하나는 신학생들과의 만남이다. 퀴블러 로스에게 시카고 신학교 학생 네 명이 찾아온다. 그들은 죽음에 관해 관심을 두고 공부하던 중이었다. 주일 오전 예배 때마다 주 예수 그리스도의 죽으심과 부활하심을 설교하는 기독교는 어느 종교보다 죽음을 정직하게 직면한다. 허나, 막상 병원에 누워 있는 환자를 심방할라치면 두렵고 무력감에 빠진다. 무슨 말을 어떻게 해야 하지?

그것이 계기가 되어 죽음을 앞둔 환자와 이야기를 나누게 되었다. 주변 의사들의 냉대 속에서도 말기 환자 500명을 인터뷰하고, 그들에게 이야기할 공간을 열어 주고 들어줌으로써 죽음을 편안히 맞이하도록 도왔다. 1967년 상반기부터 금요일마다 "죽음과 죽어 감"이라는, 비공식적이지만 정기적인 세미나를 시작했다. 여기에 신학생은 물론이고 의대생, 말기 환자들까지 참여하였다. 〈라이프〉(LIFE)지의 보도로 널리 알려졌고, 그것이 세계적으로 확장되는 데 이바지하였다.

그리하여 정신과 의사인 퀴블러 로스는 호스피스 운동의 선구자, 죽음학(thanatology)의 대가, 〈타임〉(Time)지에서 선정한 '20세기 100대 사상가' 중 한 사람이 되었다. 퀴블러 로스는 "죽어 가는 사람들은 무언가를 남기고 싶어 하고, 작은 선물을 주고 싶어" 한다고 썼다. 그는 자신이 쓴 대로 살았다. 이 책 「죽음과 죽어 감」(On Death and Dying, 청미 역간)을 선물로 남겼고, 오래도록 읽히며 그를 기억하게 될 것이다. 2004년, 죽어 가는 자의 어머니로 살았던 퀴블러 로스도 78세의 나이로 죽음을 맞이했다.

죽어 가는 자의 이야기

이 책에서 가장 중요한 핵심은 저자가 정립한 죽음의 다섯 단계일 것이다. 부정과 고립의 1단계부터 분노하는 2단계, 협상하는 3단계를 거쳐 우울함에 빠지는 4단계, 마침내 5단계에 이르러서야 죽음을 수용하게 된다. 죽어 간다는 것은 저 과정을 거친다는 뜻이고, 죽음이란 자신이 죽는다는 사실을 인정하는 것이다.

시한부 환자들은 자신이 죽는다는 것을 처음 알았을 때 '그럴 리 없다'는 반응을 보인다. 거의 모든 환자에게 이런 심리가 나타나며, 초기뿐 아니라 그 이후에도 종종 보게 된다. 부정하는 단계가 반드시 나쁘거나 부정적인 현상은 아니다. 건전한 반응일 수 있으며 일종의 '완충재 역할'을 해서 가기 삶을 돌아보도록 돕는다. 주변 사람들이 해주어야 할 일은 부정하려는 욕구를 존중하는 것이다.

부정에서 곧바로 수용으로 건너가면 오죽 좋으련만 저자에 따르면, "분노와 광기, 시기, 원한의 단계로 넘어간다." 이때, 그는 묻는다.

"왜 하필이면 나인가?" 때문에, 자신의 감정을 여과 없이 표출한다. 누군가를 분풀이 상대로 삼는다. 환자의 분노를 감정적으로 맞대응하면 비극이 시작된다. 반면, "적절한 존중과 이해를 받고, 관심과 시간을 누린 환자들은 곧바로 자신의 목소리를 낮추고 분풀이를 멈춘다"(87쪽). 분노에 대한 공감만이 수치심과 죄책감 없이 죽음을 받아들이는 데 큰 도움이 된다(290쪽).

3단계인 협상의 내용은 간략하다. "하나님, 저를 살려 주신다면, 이러저러하게 잘 살겠습니다." 앞의 것이 내 운명의 생사여탈권을 쥐고 있는 하나님에 대한 분노라면, 이것은 내 운명의 주관자요 주인인 그분과의 협상이다. 이것은 "죽음을 미루기 위한 하나의 수단이다"(138쪽). 그렇다면 왜 이런 협상을 할까? 바로 죄책감 때문이다. "죄책감이야말로 가장 고통스러운 죽음의 동반자다"(262쪽). 잘 살아 내지 못했다는 때늦은 후회 말이다.

그런다고 해서 변한 것이, 변할 것이 없다는 사실을 알았을 때, 환자들은 우울함에 빠진다. 죽음이란 모든 것을 잃고, 모든 것을 떠나는 것이지 않은가. 가족과 친구들은 한 사람을 잃지만, 그는 모든 사람과 작별해야 한다. 엄청난 병원비와 간병하는 가족에 대한 미안함까지 겹치면서 상실감에 젖어 든다. 이는 그 스스로 죽음을 준비하는 단계이기에 '긍정적으로 생각하라'와 같은, 용기를 주기 위한 말은 쓸데없다.

오히려 그의 말을 들어주어야 한다. "극도로 우울해하던 환자들이 자신의 심각한 상태에 관해 속내를 털어놓고 난 뒤 서서히 달라지는 것을 여러 차례 보았[기]"(232쪽) 때문이다. 다른 한편으로 차라리 "말보다는 그저 손을 잡아 주거나, 머리를 쓰다듬어 주거나, 조용히 함께 있어 주는 것과 같은 작은 표현이 훨씬 도움이 될 수 있다"(145쪽).

최종적으로는 수용의 단계에 접어든다. 엘리자베스는 "이 수용의 단계를 행복한 상태로 잘못 이해해서는 안 된다"(185쪽)고 주의를 환기한다. 격렬한 저항과 몸부림의 시간이 지나고, '마침내 긴 여행을 끝내고 편안히 쉬어야 할 때'라는 생각을 하는 것이다. 저자는 이를 "감정의 공백기"라고 표현한다. 라인홀드 니버(Reinhold Niebuhr)의 유명한 기도문처럼, "바꿀 수 없는 것을 평온하게 받아들이는 은혜"가 필요한 때다.

이 모든 단계는 하박국과 닮아 있다. 나는 나의 책 「하박국, 고통을 노래하다」(복있는사람 펴냄) 1부에서 그것을 다루었다. 남유다 말기의 예언자는 의로운 자가 고통당하고 악한 자가 형통하는 당시 사회의 모순을 하나님 면전에서 따진다. 부정과 분노의 감정을 그대로 드러낸다. 성질을 다 부린 그는 성루에 올라서서 하나님과 협상의 과정을 거치고, 바벨론에 의해 멸망당할 나라를 위한 깊은 애도와 슬픔의 기도를 드리고, 최종적으로 이 모든 것이 하나님의 뜻으로 된 것이니, 그 뜻은 선하기에 수용하고 하나님을 노래한다.

죽어 갈 자의 어느 날 일기

이어지는 내용은 2009년 11월 5일 목요일의 독서 일기인데, 내 내면의 속살을 그대로 보여 준다. 10여 년이 지난 지금도 그날의 나를 뚜렷하게 기억한다. 서울역 대합실 2층 카페 한구석에서 어린아이처럼 훌쩍거리며 글을 쓰던 나를 말이다. 이 책이 주는 감동과 아버지의 죽음과 그 죽음이 남긴 '등이 휠 것 같은 삶의 무게'에 왠지 서러웠고, 죽는다는 것이 내게 가르쳐 준 삶의 진실에 감사해서 눈물 흘렸다.

엘리자베스 퀴블러 로스의 「죽음과 죽어 감」을 읽고 있다. 서울 올라가는 KTX 안에서, 가평 필그림하우스 가는 경춘선 열차에서, 기윤실 사회적 책임 콘퍼런스 2박 3일 잠시 짬 나는 시간에, IVF 경인 지방회의 세계관 학교로 강의 가는 전철 속에서, 하룻밤 신세 진 이진오 전도사 집에서, 뉴스앤조이 김종희 대표 만나기 전, 비어 있는 시간에 사람 만날 스케줄 잡지 않고 서울역 파스쿠찌에서 죽치고 앉아 읽는다.

죽음은 인간에게 공포요 불안 그 자체다. 최대의 적이다. 해서, 성서는 죽음을 원수라 했다. 원수 중에 가장 큰 원수다. 인간에게 죽음이 없다면 사람 사는 세상은 달라도 정말 달라졌을 것이다. 종교도 없다. 죽음을 이해하는 방식에 따라 종교의 모양과 특성이 결정된다고 말해도 과언이 아니다. 다른 게 있다면, "죽음과 죽어 감, 그리고 죽어 가는 환자들을 대하는 방식이라고 말할 수 있겠다"(14쪽). 종교는 궁극적으로 죽음에 대한 대답이다. 그러니 죽음과 함께 종교도 탄생하고, 소멸한다.

죽음은 때로 장렬하고 영웅적이지만, 대개 추레하고 비루하다. 비참하다. 퀴블러 로스는 죽음을 통해 인간이 품위 있게 죽어야 하며, 죽음을 진지하게 성찰할수록 삶은 충만하다는 것을 시한부 환자들과의 대화에서 밝혀낸다. 그뿐만 아니라. 환자들이 죽음에 맞닥뜨린 순간에 보이는 '부정'에서 종당 '수용'하는 데까지 이르는 다섯 단계를 체계적으로 정리했다.

뜬금없이 돌아가신 아버지 생각이 났다. 내게 죽음은 여전히 아버지와 다른 말이 아니다. 같은 말이다. 그분이 일찍 운명하심으로 어머니와 형제들이 말 못할 고생을 했고, 내게 큰 상실의 흔적을 남겼다. 나는 늘 다짐하곤 한다, 지금도. "나는 자식보다 일찍 죽을 수 없다, 절대로!" 그것은 자식과의 관계에서 부모에게 주어진 정언 명령이요 지상 사명이다. 인간이 신에게 직접 범하는 죄를 제외하고 가장 난폭한 범죄 행위다. 부모가 없는 것보다 나쁜 부모가 낫다. 살아 있으라! 살아 있다는 것만으로 부모는 자녀에게 선을 행하는 것이다.

아버지 돌아가시 줘, 나는 중학교 2학년이었고, 3학년이 되기 전 겨울이었다. 지금 아들 나이다. 15살. 그때 나는 그분의 죽음과 죽음이 남긴 가혹한 시련으로 아파했다면, 지금 아들은 학교 공부 때문에 고민이 많다. 그때 나는 전도서 1장 2절을 묵상하며 허망한 인생사를 복기하곤 했었다. "전도자가 말한다. 헛되고 헛되다. 헛되고 헛되다. 모든 것이 헛되다"(새번역). 내가 인생의 허무함과 상실감에 빠져 있던 나이에 아들은 절망감과 무력감에 시달리고 있다. 아비 부재의 시대를 살던 나와 달리 아들은 희망 부재의 연대를 살아 내고 있다. 나는 아버지가 없었고, 아들은 꿈이 없다. 아버지, 왜 그리 급하셨어요? 아들, 미안하다.

그분은 죽음의 다섯 단계 중 어디에 이르렀을까? 부정? 분노? 협상? 우울? 수용? 아버지 돌아가실 적 나이가 되어서도 그분의 마음을 짚어 내지 못하는 바보구나 싶어 울적하다. 미루어 짐작건대 아버지는 타향에서 죽도록 일하시다 그렇게 죽어 버리셨으니, 게다가 많은 경제적 빚을 두고 가셨으니 당신의 병과 죽음을 인정하는 데 힘겨웠을 것이고, 오래 걸렸을 것이다.

그래도 꼬박 2년 동안 투병 생활을 하셨고, 어머니와 형, 친척들과 주변 분들 말씀을 종합해 보면, 아버지는 신망 높은 지역 유지였으니 부정과 분노의 단계는 넘어서지 않았을까 싶다. 협상과 우울, 수용 그 어디쯤일 텐데, 그분이 마지막 말씀을 남기지 않았다. 차마 떠나지 못하는 걸음으로 황망히 가셨다.

이제 와서 아버지가 죽음의 다섯 단계 중 어느 단계를 겪었을지 추정하고 추적하는 일은 그리 중요하지도 않고, 의미도 없다. 외려 중요한 것은 아버지의 죽음을 대하는 나는 어떤 단계에 있는가다. 30년이 지난 이 시점에도 나는 아버지를 보내지 못했다. 그분은 죽었지만 떠나지 못했고, 그분을 묻었지만 나는 아직 거적때기로 덮어 두고 있을 뿐이다. 수용은커녕 부정과 분노 속에서 협상의 단계를 오락가락하고 있다.

퀴블러 로스는 죽음을 앞둔 환자들과 대화를 나누고, 고민을 듣고, 아픔에 공감하기 위해서는 "환자에게, 죽음이나 암과 같은 단어를 들어도 달아나지 않는다는 사실을 말과 행동으로 보여 주어야 한다"(424쪽)고 말한다. 아, 아직 나는 순례자가 아니라 도망자다.

예수의 죽음과 부활이 의미하는 바는 죽음이 이제는 그 권세와 위력을 상실했다는 희망이다. 죽음은 여전히 강력한 적으로 남아 있지만, 그래서 늘 의식하지 않을 수 없지만, 그래도 굴복하거나 함몰하지 않는다. 하여, 그리스도인은 두려워하거나 불안해하지 않는다.

그런데도 나는 아직도 두렵다. 죽는다는 것이 불안하다. 아버지 운명하시던 그 나이 어간이 되어 간다는 것이. 어쩌면 나는 아직 예수와 죽지 않았고, 죽은 적이 없으니 살아나지 못한 것은 아닐까. 나는 아버지의 죽음을 수용하지 못하고 있고, 아내와 아이들에게 좋은 아빠가 아니다. 그냥 살아 숨 쉬는 것만으로 내 할 일 다했다고 착각하고 있다.

아버지가 남긴 것은 죽음이 아니라 삶이다. 죽음에 관한 말은 곧 삶에 관한 말이다.

"30년 이상 죽음과 죽음 이후의 삶에 대해 연구해 왔기 때문에 나를 죽음의 전문가라고 믿는다. 그러나 그들은 정말로 중요한 것을 놓치고 있는 것 같다. 내 연구의 가장 본질적인 핵심은 삶이 중요하다는 것이다"(『생의 수레바퀴』, 8쪽).

그렇다면 아버지의 죽음은 내게 어떤 의미일까? 악착같이 살아 있기만 한 것이 아닌 삶다운 삶, 죽음을 품위 있게 받아들이는 품격 있는 삶은 무엇일까? 다시 말해 죽음을 스승으로 삼을 수 있을까? 첫째는 나와 가족이 건강하게 살아 있다는 것만으로 감사하는 일이다. 더 말할 것이 없다. 둘째, 더 나아가 무언가를 남기며 사는 것이다. "죽어 가는 사람들은 무언가를 남기고 싶어 하고, 작은 선물을 주고 싶어 하고, 자신들의 불멸성을 증명하고 싶어"(412쪽) 한다. 사람들에게 사랑을 남기고, 내가 읽고, 생각하고, 말하고 싶어 한 것, 바로 그것을 글로 남길 것. 이번 독서로 예기치 못한 전리품을 얻었다. 아버지의 죽음을 수용하게 된 것이다. 그런데도 나는 이 글을 쓰면서 코끝이 찡하고, 가슴이 먹먹하다.

아, 버, 지, 당, 신, 이, 그, 리, 워, 요!

잘 살다 죽고자 하는 자

어느 부활절에 나는 폭탄과도 같은 설교를 한 적이 있다. "부활을 믿기 어려워하는 목사의 부활 신앙." 기독교 신앙의 정수요 근본인 부활을 믿기 어려워한다니, 그것도 성도도 아닌 목사가 말이다. 대경실색할 노릇이다. 부활을 안 믿는다는 것이 아니다. 부활을 믿지 않고서 어찌 거듭난 그리스도인이며 목사이겠는가.

죽음이 얼마나 무서운지를 경험한 터라, 누구보다도 부활을 소망한다. 부활이 없다면, 죽음의 공포에서 어떻게 헤어 나올 수 있으며, 지금 여기를 어떻게 살아 낸단 말인가. 고통과 죽음에 의미가 있고, 그것을 배우지 않는다면 온전한 삶이란 없지 않은가. 믿지만, 여전히 죽음의 위협 앞에 창자가 뒤틀리고 입술이 바들바들 떨리고, 뼈가 썩는 듯하고, 다리가 후들거린다, 하박국처럼(3:16). 죽음을 두려워하지 않는 이가 어찌 부활을 절실히 소망할까?

그런 내게 저자의 말은 내 폐부를 찌른다. "종교 본래의 의미에 충실한 진정한 믿음을 가진 사람은 지극히 드물었다. 그들이야말로 자신들의 신앙으로부터 큰 도움을 받았으며, 무신론자들과 강한 대조를 이루었다"(418쪽). 신앙이야말로 죽음을 소망 중에 맞이하게 한다. 바로 그것이 죽음을 살아가는 내가 십자가에서 죽으시고 부활하신 하나님의 아들 예수 그리스도를 신앙하는 이유다.

함께 읽을 책

- 책을 읽는다는 것은 저자를 읽는다는 말과 같다. 역으로 저자의 삶을 알게 되면, 그가 하는 말도 더 풍성하게 누릴 수 있다. 「생의 수레바퀴: 죽음을 통해 삶을 배우고자 하는 이에게」는 퀴블러 로스의 자서전이자 그가 남긴 마지막 책이다. 세쌍둥이로 태어난 것, 여성이라는 것, 네 번의 유산 경험 등 그로 하여금 '죽음학'과 호스피스 사역을 시작하게 만든 비하인드 스토리가 담겨 있다.

- 퀴블러 로스의 「생의 수레바퀴」에서 몇 번이고 반복하며 강조하는 것이 하나 있다. 바로 자유 의지다. 하나님이 인간에게 내린 최고의 선물이자, 인간이 인간다울 수 있게 해 주는 것은 바로 선택하는 자유와 능력이다. 퀴블러 로스는 우리에게 삶을 선택하라고, 그냥 사는 것이 아니라 의미 있고 가치 있는 삶을 결단하라고 촉구한다. 결국 죽음을 묻고 말한다는 것은 지금 여기서 잘 살겠다는 의지요 바람의 표현이니까.

   그런 점에서 그의 생각과 판박이인 책이 있다. 빅터 프랭클의 「죽음의 수용소에서」(Man's Search for Meaning, 청아출판사 역간)다. 우리는 흔히 이렇게 말한다. "저 사람이 나를 화나게 했어요. 나에게 욕을 했단 말이에요." 그러나 아우슈비츠의 생존자인 프랭클은 이렇게 말한다. "아니요. 그가 한 욕을 듣고, 당신이 화를 내기로 결정한 거예요. 어떻게 반응할지는 오롯이 당신의 몫입니다."

   '수용소'와 같은 지옥이야말로 인간의 밑바닥과, 인간 안에 무엇이 있는지를 극명하게 보여 주는 곳이리라. 프랭클은 그곳에도 의미가 있다고 말한다. 희망을 말한다. 인간에게는 그 어떤 지옥 같은 상황에서도 꺾이거나 사라지지 않는 존엄함이 있으며, 그것을 자유 의지라고, 의미를 추구하는 것이라고 말한다. 꼭, 꼭 읽어 보길. 총 3부로 구성된 이 책은 1부만 읽어도 된다. 2부와 3부는 자신의 경험에 대한 이론적 해명을 담고 있고, 1부에는 그의 자전적 이야기가 기록되어 있다. 깊은 울림을 줄 것이다.

● 부디 용서하시라. 내가 내 책을 소개하는 것을, 그리고 민감한 단어를 발설하는 것을. 나의 책 「자살은 죄인가요?」(죠이선교회 펴냄)는 내 이야기다. 허나, 내 이야기를 직접 언급하지 않았다. 다만, 우리 사회의 자살 문제를 신학적으로 해명하는 데 주안점을 두었다. 퀴블러 로스가 죽음을 말하는 것은 삶을 말하는 것이라고 했듯이, 자살에 관해 기독교가 최종으로 도달해야 하는 지점은 바로 사랑이다.

차디찬 깊은 산골, 얼음이 어는 방 안일지라도 양초 하나만 밝히면 얼음이 얼지 않는단다. 작은 사랑, 그 작은 사랑의 기억이 나를 살린다. 그런 공동체가 되는 것이 희망이고, 다시 시작하는 힘과 용기를 주시는 하나님과 그분의 복음이 희망이라고 역설한다. 이 책은 지하철 타고 이동하면서 1시간가량이면 읽을 수 있는 분량과 수준으로 쓰려고 노력했다.

12장

믿는다는 것
키르케고르의 「공포와 전율」 읽기

나는 누구일까?

참으로 그로테스크하다. 그날, 그때, 그 자리. 88년의 봄날이었을까, 아니 87년이었나 보다. 4월께 나는 청량리역 광장에 있었다. 총학생회 임원인 과 선배가 청량리 경찰서로 연행되었고, 우리는 항의 시위차 그 주변을 서성거렸다. 광장의 경찰과 '짭새'의 동태를 예의주시하면서 주변을 둘러보다가 기이한 영상이 내 눈에 박혔다. '섹스, 정의, 신앙.'

한쪽에서는 "예수님 찬양, 예수님 찬양"이라는 경쾌하고 씩씩한 노래와 "예수 믿으세요"라고 권하는 확신에 찬 외침이 들렸고, 다른 한쪽에서는 새빨간 입술에 짧은 치마를 입고 봉긋한 가슴을 유독 강조한 여성 몇몇이 "놀다 가라"며 팔을 끌어당기고 있었다. 그리고 우리는 언제 들이닥칠지 모르는 경찰을 경계하면서 두리번거리고 있었다. 정의를 부르짖는 학생 운동권, 복음을 외치는 교회 전도대, 그리고 여자를 사기 위해 그곳을 들른 발정 난 남정네들과 호객하는 여성들이 동시에, 한자리에, 내 눈에 들어왔다.

나는 사회 과학 서적을 탐독하면서 시위도 열심히 했지만 언더서클에 가입하지 않은 이른바 '비운동권'이었고, 그저 선배가 경찰서에서 고초를 겪을 게 안쓰러워 동참했을 뿐이다. 그러면서도 캠퍼스 곳곳에서 복음 성가를 부르며 예수 믿으라고 목 놓아 외쳤다. 그리고 저 섹시한 여성들이 내 손을 확 움켜잡고 끌고 가면, 화들짝 놀라 불에 덴 듯, 미친 듯이 도망 나올 테다. 허나, 내 속에 음탕한 마음조차 없었을까. 이런 일에 단언하기는 허망하지만, 내 속은 음욕이 불일 듯하는 곳이기 때문이다.

나는 누구이고, 어디에 있는 걸까? 사실 나는 저 모든 것이었고, 그 어떤 것도 아니었다. 나는 운동권도 아니면서 시위에 열심히 참여했고, 미친 예수쟁이면서도 그런 나를 쑥스러워했고, 세속에 물들지 않은 척했어도 엉큼하기는 똑같으니까. 그러니까 육적 탐욕과 도덕적 정의와 종교적 열심이 한데 어우러진 바로 그때의 기괴한 청량리역 광장이 내 내면 풍경이었다. 그때 나는 키르케고르(Søren Kierkegaard)와 이 책 「공포와 전율」(*Frygt og Bæven*, 문예출판사 역간)을 생각했다. 왜?

전에 없던 사람

철학사에서 천재라는 이름에 값하는 이가 있다면, 그는 파스칼 아니면 비트겐슈타인이다. 성실한 학자는 더 많다. 산책하는 것을 보고 사람들이 시계를 맞출 만큼 정확한 칸트를 비롯하여 많은 철학자가 규칙적이고도 평범한 일상을 산다. 위기철 작가의 「아홉 살 인생」에 나오는 철학자 같은 이는 거의 없다. '철학 개론'을 가르친 교수는 철학자는 읽고 생각하고 글을 쓰는 사람이지 특이한 사람이 아닌데, 왜들 그리 생각하는지 모르겠다고 중얼거렸다.

이 사람, 괴짜다. 아니, 그걸로는 모자란다. 속된 표현으로 '또라이'라는 말에 어울릴 사람이 있다면 조금도 망설이지 않고 이 사람, 키르케고르를 호명해야 한다. 그냥 미쳤다는 말밖에. 고상하게 말하면 혁명가다. 기존의 공식과 체제를 여지없이 전복하고 새로운 질서를 구축하려 든다. 흔히 '의심의 해석학'으로 칼 마르크스, 지그문트 프로이트, 프리드리히 니체를 꼽지만, 파격과 과격은 그들 못지않다.

키르케고르가 어릴 적, 그의 아버지는 삶이 몹시 고달파서 황량한 들판의 언덕에 올라 신을 저주한 적이 있다. 그 이유만으로 키르케고르는 자신의 온 집안에 신의 저주가 깃들었다고 철저히 믿었다. 그로 인해 아버지를 저주하고, 자신을 저주하고, 물에 물 탄 듯 맹물 같은 신앙을 조장하는 덴마크의 국교회와 싸운다.

그런데 이 사람, 키르케고르는 급진적이기만 하지는 않다. 신파조의 타령도 부를 줄 안다. 나는 '사랑하니까 떠난다'라는 말이 유행가

가사인 줄 알았다. 가수 임재범이 쉰 목소리로 부르는 "난 위험하니까 사랑하니까 / 너에게서 떠나 줄 거야 / 너를 위해 떠날 거야"라는 노래 가사와 일점일획도 다르지 않은 이유로 사랑하는 연인과 파혼한 바로 그런 사람이다.

미치도록 사랑했으나, 사랑하기에, 그 사랑으로 연인을 다치게 할까 봐, 그리고 자신에게 내린 신의 저주로 인해 연인을 아프게 할까 봐 떠난다. 다시 돌아와 구애하고, 파혼하기를 두 차례. 그렇게 사랑하는 연인, 레기네 올센을 아프게 하다가 끝내는 독신으로 죽은 사람이다.

말이 나온 김에 이 사람을 설명할 수 있는 유행가가 하나 더 있다. 가수 혜은이가 부른 〈열정〉이다. "만나서 차 마시는 그런 사랑 아니야 / 전화로 얘기하는 그런 사랑 아니야 / 웃으며 안녕 하는 그런 사랑 아니야 / 가슴 터질 듯 열망하는 사랑 / 사랑 때문에 목숨 거는 사랑." 키르케고르는 그런 사랑을 했다. 그 사랑의 일차 대상은 누구였을까? 바로 하, 나, 님, 이다.

방황하던 20대의 그의 일기장을 들춰 보면 이런 말이 있다. "하나님께서 내가 참으로 무엇을 하길 원하고 계신가를 아는 일이 중요하다. 내게 진리인 진리를 찾는 것, 내가 그것을 위하여 살고 또 죽기를 진심으로 원하는 이념을 찾아내는 일이 필요하다." 스무 살의 패기로 치부할 수 없는 까닭은 키르케고르는 일기장에 쓴 대로 평생을 살았기 때문이다. 도박판의 판돈으로 자기 팔이나 다리를 내놓는 홍콩 영화의 종교적 버전이 바로 키르케고르다. 그는 자기 존재 전부를 단

하나의 물음에 내던졌다. "나는 어떻게 그리스도인이 될 수 있는가?"

하여튼, 이 사람, 괴짜다. 누구보다 하나님을 사랑한 종교적인 인물이었고, 아버지의 부도덕과 자기 출생의 비밀을 알아 버린 자칭 '대지진'을 겪은 후, 인생 전체가 뒤흔들릴 정도로 도덕적 실존을 가졌고, 한 여인을 섬세하게 사랑할 줄 아는 심미적 실존이자 사창가에도 들를 만큼 육체적 쾌락을 탐닉하는 정념의 사람이었다. 그날, 그때, 그곳에서 내가 키르케고르를 생각한 것은 바로 이 때문이다. 그는 정녕 '나로 살았던 사람'이다. 그러기에 전에도 없었고, 후에도 없을 유일무이한 인물이다.

셋 다 나다

키르케고르에 따르면, 인간은 세 가지 모습을 지니고 있다. 하나는 아름다움의 모색이고, 다른 하나는 정의의 추구이고, 마지막은 신에게로의 귀의다. 이 셋은 일직선으로 이어지지 않는다. 레벨 1을 통과해서 2를 거쳐 마침내 마지막에 도달하는 여정이 아니다. 한데 뒤섞여 있지도 않다. 아름다움은 아름다움으로, 윤리는 윤리로, 신앙은 신앙으로 각기 존재한다. 정확히 말하면, 1에서 2로의 전환에는 나름 논리적 차원이 존재한다. 허나, 윤리에서 신앙으로 넘어가는 것은 매끄럽지 않다. 폭발적인 비약을 감행한다.

키르케고르가 본 인간은 미적인 존재다. 그가 말한 심미적 실존이란 삶을 즐기는 태도를 말한다. 미적 쾌락은 순간적이고 직접적이다. 영속적이지 않고, 간접적이지 않다는 말이다. 예술이 인간에게 남기는 기억도 그가 직접 경험한 찰나적 순간에 기반한다. 그러다 보니, 지속성이 없다. 그 찰나를 재현하고 반복하기 위해 수고에 수고를 더한다. 마치 바닷가 모래알을 움켜쥐는 것과 같다. 잡았다고 생각하는 순간, 어느새 손가락 사이로 모두 빠져나간다.

키르케고르는 돈 주앙과 네로를 대표자로 내세운다. 돈 주앙이야 섹스 심벌이고, 네로는 폭군의 대명사다. 채울 수 없는 허기를 채워서는 안 되는 것들로 채우려다 돈 주앙은 절망하고, 네로는 권태롭다. 목마른 사슴처럼 마실 물을 찾지만 죽는 날까지 목마름은 가시지 않는다. 더 목마르게 하는 것들만 들이킨 까닭이다.

다음은 윤리적 실존이다. 윤리의 특성은 보편적이라는 데 있다. 칸트(Immanuel Kant)의 윤리학을 달리 말한 것이다. 미국 남부의 보수주의자들이 "예수라면 어떻게 했을까?"(What would Jesus do?)를 묻는 것을 자신들의 윤리적 정언 명령으로 삼았다면, 칸트는 "내가 한 행동을 모든 사람이 동일하게 행했다면 어땠을까?"를 윤리적 행동의 규칙이라고 강조한다. 황금률을 반대로 말한 것인데, "네가 하기 싫은 것은 남에게 하지 말라"는 것이다.

트로이 전쟁을 치르러 출발하던 날에 벌어진 사건은 윤리적 실존의 좋은 예시다. 출항 직전, 바람이 불지 않는다. 그리스군 총사령관 아가멤논이 사냥의 여신 아르테미스가 애지중지하는 사슴을 죽인 탓에 분노한 결과임을 신탁을 통해 알아낸다. 눈에는 눈, 이에는 이다.

신이 가장 사랑하는 사슴에 합당한 것으로 아가멤논은 가장 사랑하는 딸, 이피게니아를 희생 제물로 바쳐야 했다. 먼 훗날 아내는 승전하고 돌아온 남편을 죽이고 만다.

그러나 윤리의 한계는 끊임없는 죄책감으로 드러난다. 도덕적이고자 할수록 그 도덕에 턱없이 모자란다. 그 도덕의 관점으로 스스로를 꿰뚫어 보기 때문에 자기 자신을 용납할 수 없어서 더 절망스럽다. 그래서 윤리적 삶을 살수록 자신에게 절망하고, 타인에게는 엄격해진다. 잘라 말하자. 윤리는 삶의 기본이고 근간이지만, 인간을 결코 구원하지 못한다.

마지막은 종교적 실존이다. 심미적 인간이 돈 주앙, 윤리적 유형이 아가멤논이라면, 여기서는 믿음의 조상 아브라함을 호출한다. 이는 바울이나 야고보, 히브리서에서도 마찬가지다. 그들은 믿음에 관해 말할 때면 으레 아브라함에게 기댄다. 우리가 참된 믿음의 사람이 되고자 한다면, 아브라함을 경유하는 노정을 선택해야 한다. 그렇다면 키르케고르가 본 아브라함의 믿음이란 무엇일까?

키르케고르는 아브라함의 믿음이 윤리와 대립한다는 점을 정확하게 폭로한다. 윤리적으로 아브라함은 사랑하는 아들을 죽일 수 없다. 그것은 보편적 인류에 반한다. 신에게 제물을 바친다고 자기 아들의 목을 치고, 불에 태워 죽인단 말인가? 그것을 요구하고 명령하는 하나님이 정녕 하나님인가? 아브라함은 아무 말 없이 묵묵히 순종한다.

터무니없다. 말이 안 된다. 이를 저자는 '부조리'라고 표현한다. 문자적으로 이치에 맞지 않다는 뜻이다. 합리적이지 않으며, 논리적으로 오류이자 악이다. 그렇기에 학문으로서의 신학은 처음부터 탄핵해야 마땅하다. 그것을 붙들고 매달려 있을 필요가 하등 없다.

그러나 키르케고르가 말하는 부조리는 논리의 철폐인 동시에 논리로부터 도약하는 어떤 것이다. 아브라함에게 아들을 죽이라고, 자신에게 바치라고 말한 분은 하나님이다. 그에게 아들을 주겠다고 약속하신 분이다. 그리고 그 아들을 통해 대를 잇고, 마침내 하늘의 뭇별처럼 자손이 많아질 것이라고 분명하게 언약을 맺은 분이다.

아브라함이 요구한 것도 아니고, 기대한 것도 아니다. 하나님 당신이 먼저 다가오셔서 말씀하셨다. 이삭을 죽이지 않을 것이라는 믿음과 약속과 상반된 현실에 직면한 것이다. 그렇다. "믿음은 사유가 그만두는 바로 그곳에서 시작"(78쪽)한다. 신앙은 사유의 부정이면서도 그것이 지닌 한계를 다른 방식으로 훌쩍 뛰어넘는다.

저 사람은 아니다

키르케고르의 비판을 과격하게 여기는 이가 꽤나 많다. 믿음을 윤리와 미학과 별개의 것으로 치부하면, 맹목적인 신앙이 되거나 사회로부터 고립된다. 앞의 것을 가리키는 전문 용어가 '신앙주의'(fideism)다. 신앙주의는 신앙이 절대적이기에 다른 것들, 특별히 이성을 부정한다는 비판을 할 때 주로 사용한다.

뒤의 것은 '분파주의'(sectarianism)다. 케임브리지 사전과 위키피디아를 검색해 보면, 분파주의는 '정치적이나 종교적으로 다른 그룹과 갈등을 일으키는 것'이라고 되어 있다. 자기 그룹이 최고이고 절대적이기에 다른 공동체와는 필연적으로 충돌이 발생하게 마련이다. 근대 철학에서 신앙주의와 분파주의의 원흉으로 대개 키르케고르를 지목한다. 과연 그럴까? 믿는다는 것이 반이성주의이고, 반사회적일까?

일단, 두 가지를 밝혀야겠다. 하나는 앞서 말한 대로 사랑이고 열정이다. 단 한 분 하나님을 사랑하는 이는 우상에 대한 폭력적 열정을 품게 마련이다. 성경 곳곳, 특히 구약에서 우상의 비신화화가 일어난다. 우상을 조롱하면서 장난감, 놀림감으로 삼는다. 하나님 백성 안에 하나님 아닌 신을 하나님으로 믿는 이가 많고, 끼치는 영향이 막강했기 때문이다. 내 안의, 우리 신앙 공동체 안의 우상 숭배를 방관하고 침묵하지 못한 것이 키르케고르의 죄라면 죄일 것이다.

다른 하나는 시대사적 배경이다. 키르케고르는 철학적으로 헤겔(G. W. F. Hegel)을 주된 과녁으로 삼고 있다. 헤겔의 철학은 종합 철학이다. 삼라만상 모든 것을 단일한 체계 속에 욱여넣고 자리를 배치한다. 참으로 웅장하고도 거대한 시스템이다. 이것은 이성의 힘이고, 헤겔 철학의 위대함이라 하겠다. 이후의 철학들은 헤겔에 대한 찬반으로 구분될 정도다.

그러면 키르케고르는 헤겔의 어떤 점이 못마땅했을까? 그는 비유를 하나 든다. 누군가가 역사 이래 가장 화려하고 규모가 큰 궁전을 지었다. 그런데 막상 그는 그 집에서 살지 않는다. 궁전 앞 개집에 거한다. 그가 바로 헤겔이다. 자신이 살지 못하는 집, 살 수도 없는 집을 건축한 것이다. 그를 비롯한 모든 사람이 경탄해 마지않지만, 정작 그 철학은 그의 삶과 아무런 상관이 없다. 내 마음을 건드리고 삶에 영향을 주지 못한다면, 그런 철학을 해서 무엇 하겠느냐는 것이 키르케고르의 반론이다.

교회적으로는 제도화된 교회를 겨냥한다. 당시 교회를 거위에 견준다. 그들은 창조주 하나님을 높이 찬양한다. 그리고 무에서 유를 창조하신 조물주께서 그들에게 힘을 주어 하늘나라로 비상하는 꿈을 꾼다. 그런 설교를 들을라치면 모두 날개를 퍼덕거리며 열광적으로 환호한다. 그리고 예배를 마치고 뒤뚱뒤뚱 집으로 돌아간다. 그리고 피둥피둥 살찐 상태에서 식탁에 오른다.

특히 문젯거리는 목사요 신학자들이다. 키르케고르의 비유는 촌철살인이다. 예수는 십자가에 못 박힌다. 그 옆에서 목사는 십자가의 은혜를 설교한다. 그 뒤에서 신학자는 십자가의 비밀을 해석한다. 예수께서 다시 살아나셨다. 또다시 목사는 설교하고, 신학자는 책을 쓴다. 그렇게 설교하고 저술하는 목사와 학자의 내면과 영성에 하등 영향을 끼치지 못하는 복음으로 밥 먹고 산다. "현대는 포도주를 물로 바꾼다"(54쪽)는 말을 이렇게 바꾸어도 무방하리라. "예수는 물로 포도주를 만들었으나, 당대 교회는 포도주를 물로 만든다."

사느냐 죽느냐, 이것 아니면 저것의 문제다. 이를 두고 어찌 삶을, 신앙을 그리 단순히 이분법적으로만 보느냐고 타박할는지 모르겠다. 허나, 사람 냄새가 나지 않는 철학, 자기희생적 삶과 사랑, 제자도가 사라진 교회를 보고도 '이것과 저것'을 말하는 것은 그야말로 하나님에 대한 사랑과 열정의 부족을 돌려 말한 것에 지나지 않는다. 하나님을 내 삶의 '유일한 주요, 구주'라고 고백한다면, 그럴 수는 없다.

믿는다는 것은 결코 매일의 일상을 등한시하거나, 이성을 죄악시하거나, 윤리를 백안시하지 않는다. 오히려 저 모든 것이 믿음 안에, 그리고 믿는 자의 실존 안에 오롯이 담겨 있다. 키르케고르 자신이 미적인 사람이고, 윤리적 존재이고, 종교적 인간인데, 어찌 저것들을 하찮은 것으로 처분할까. 가치를 아니까, 경험했기에 그 한계를 아는 거다. 그래서 그것만으로 구원받을 수 없다는 것을, 그것만으로 인간의 통전성을 확보하지 못함을 알기에 저리 말하는 거다.

나는 믿는다

청량리역과 광장은 몰라보게 바뀌었을 것이다. 그러나 그날 그 자리의 풍경은 한국 사회 전체의 자화상일 터. 사람 사는 모습은 시대마다 변화가 있어도, 사람의 본성은 그대로다. 우리는 모두 아름다움과 함께 순간적인 행복을 갈망하고, 우리 사회가 정의롭고 공정하기를 바라면서도 행여 내가 받는 대우와 이득에는 "이 정도쯤이야"라고 말하며 간단히 넘어가는 선택적 윤리에 길들여 있다. 그러면서도 달리 어찌할 수 없는 삶의 한계로 인해 초월적 구원을 욕망한다. 내 안에 저 세 개의 실존이 공존하며 다투고 있다.

그러고 보니, 예수의 유명한 비유 '탕자 이야기'는 키르케고르의 실존 세 단계를 정확하게 빼닮았다. 탕아는 심미적 실존을 대표한다면, 형은 윤리적 실존을 보여 준다. 엄연히 살아 있는데도 유산을 남겨 달라는 망나니의 패륜적 요구에도, 동생과 아비에게 감히 아비 노릇 하려 드는 바리새인 같은 첫째 아들에게도 이유 없이, 아낌없이 다 퍼 주는 아버지는 종교적 실존을 닮았다.

사실, 아버지의 행동을 윤리적으로 재단하고, 이성적으로 따져 보고, 경제적으로 계산하면, 이것은 반윤리요, 무논리요, 반시장주의다. 그러나 그런 판단은 두 가지를 간과한다. 그가 '아버지'라는 점과 '사랑'이다. 이 둘은 고정 상수로 놓고 해석해야 한다. 부모니까 저리 하는 거다. 사랑하니까 다 주고도 덜 주었다고 미안해하는 거다. 원래 자식은 다 받고도 덜 받았다고 당당하고, 부모는 다 주고도 덜 주었다고 미안하다. 사랑하면 밀게 되고, 바보같이 다 준다.

십자가는 또 어떤가. 하나님이라면 하나님다워야지, 어째 저 모양일까. 신이 인간이 되었다면 그것은 신이 아니다. 왜? 존엄한 신이 타락하고 더러운 살덩어리를 지닌 인간이 된다면, 그것은 애당초 신이 아니다. 그래서 헬라 사람들은 십자가를 미련하다고 폄하했다. 만약 그런 선택을 한 신이 있다면 바보 멍청이고, 그런 신을 믿는다면 이성 없는 인간이다.

유대인들은 또 어떤가. 하나님이 인간의 모습으로 오는 것은 동의한다. 그러나 인간이 된 하나님은 다윗 같아야 한다. 왕이면 왕 같아야 한다. 왕이라면 왕관을 쓰고 왕궁에 있어야지, 저주받은 자의 표상인 십자가에 덜렁덜렁 매달려 피를 줄줄 흘리며 죽어 가는 자가 어떻게 메시아이고, 신이란 말인가. 그건 신일 리가 없다고 단정한다. 그래서 십자가는 걸림돌이다.

십자가에는 미적으로 아름답거나 탐닉할 만한 어떤 것도 없다. 하다못해 순간적인 쾌락도 없다. 몇 시간이고 며칠이고 지속되는 고통만 있을 뿐이다. 윤리적으로, 사법적으로 예수는 사형수다. 종교적으로는 죄인이었고. 어디에도 발붙일 곳이 없다. 하늘과 땅 사이의 허공에 대롱대롱 매달려 죽은 십자가의 예수가 어떻게 구원이란 말인가? 한마디로 심미적이지도, 윤리적이지도, 종교적이지도 않다. 그러나 십자가를 믿는 자는 구원받는다.

정리하자. 믿는 자의 내면 풍경에는 순간적 즐거움을 추구하는 심미적인 모습, 예외 없는 보편타당한 정의와 사랑하고 용서하는 영적인 단면이 모두 담겨 있다. 어느 하나를 빼서는 안 된다. 저 각각은 한 인간의 성장 단계이자 한 인간의 내면이다. 내 속에 방탕한 둘째가 있고, 엄격한 첫째도 있고, 자애로운 아버지도 있다. 어느 때는 일차원적 욕망에 들들 볶이고, 어느 때는 엄격한 도덕군자가 되기도 하고, 그러다가 '홀리'(holy)해져서 내 온몸을 하나님을 위해 투신할 것 같다. 그가 말한 것이 내 안에 들어앉아 있다.

나는 그 모든 것을 사랑한다. 그러나 그것을 참으로 사랑하는 방법은 저 두 가지를 넘어 하나님 품으로 뛰어들어 안기는 것이다. 믿는 자는 사랑과 정열로 저 모든 것을 돌파하고 두 아들 모두를 품는 아버지가 되는 것이다. 믿음이 비약인 것은 맞다. 그러나 도약하는 힘은 사랑에서 온다. 그러므로 믿음은 사랑이다. 믿는다는 것은 사랑하는 것이다.

함께 읽을 책

- 키르케고르의 생애를 알지 못하면 그의 사상을 이해하는 일도 오리무중에 빠지게 된다. 그의 삶을 몰라도 그가 말한 것을 이해하는 데 전혀 어려움이 없는 학자도 있지만, 키르케고르는 그의 전기를 이해할 때라야 사상의 전모도 밝히 알 수 있다. 키르케고르가 어릴 적, 그의 아버지가 배고픔을 견디지 못하고 하나님을 저주한 사실로 인해 가정에 저주가 임했다는 그의 믿음, 사랑하는 약혼녀 레기네 올센과의 관계, 당시 덴마크 국가교회와의 투쟁을 알아야 그가 왜 그토록 열정적으로, 아니 광기에 사로잡힌 양 말했는지를 똑똑히 알 수 있다. 고로, 키르케고르에 관한 공식 전기에 해당하는 월터 라우리의 「키르케고르 평전」(*A Short Life of Kierkegaard*, 다산글방 역간)을 가장 먼저 읽어야 할 것이다.

- 사실 사상사에 등재된 인물을 100쪽 이하 분량으로 압축한 책은 위험하면서도 유익하다. 그리 단순하게 요약하거나 꿰기 어렵기 때문에 위험하고, 그러나 입문으로 유용하기에 유익하다. 한 번 읽고 던지지 말고, 서너 번 읽으면서 요점을 파악한 다음 일차 자료를 읽는다면 괜찮은 독서법이 될 것이다.
여기에 안성맞춤인 책이 있다. 매튜 커크패트릭의 「쇠얀 키에르케고어」(*Søren Kierkegaard*, 비아 역간)다. 값도 헐하고, 분량도 고만고만하다. 원저자의 글 70쪽에, 번역자의 추천 도서를 포함하고도 120쪽이 채 못 된다. 깔끔하다. 게다가 내 생각과 마찬가지로 이 책에서도 「관점」(치우 역간)을 권한다. 키르케고르 자신의 말로 그를 이해할 수 있고, 무엇을 왜 썼는지 잘 파악할 수 있다. 그리스도인이 된다는 것, 그리고 국가교회와의 투쟁이라는 핵심을 붙잡게 해준다.

- 책을 읽는 방법 중 하나는 한 사상가의 책을 두루두루 읽는 것이다. 또 하나는 한 권을 닳도록 읽어 다른 책들도 얼추 파악하는 것이다. 하나에 통달하면 웬만한 것은 다 꿸

수 있는 법. C. 칼리슬의 「키르케고르의 「공포와 전율」 입문」(Kierkegaard's Fear and Trembling, 서광사 역간)을 옆에 두고 「공포와 전율」을 읽는다면, 그대 가슴에 키르케고르가 깃들 것이다. 내가 읽은 것은 이제는 절판된 문예출판사의 강학철 역본이었다.

- 위의 독서법이 한 권으로 키르케고르를 읽어 내는 방식이라면, 이번에는 하나의 키워드로 구슬 서 말 같은 그의 전 작품을 꿰는 방식을 소개한다. 내 글처럼 '신앙'이라는 한 단어로 기독교 사상가로서의 키르케고르를 해설하는 책이 있다. 그 자신도 꽤나 중요하고 깊이 있는 철학자인 메럴드 웨스트팔의 「키르케고르: 신앙의 개념」(Kierkegaard's Concept of Faith)과 토니 킴의 「키르케고르: 신앙의 합리성」(Reasonableness of Faith, 이상 홍성사 역간)이다.

기독교인이자 현대인에게 철학의 역사에서 꼭 추천하고픈 이가 있다면, 바로 키르케고르다. 고대의 소크라테스, 근대의 데카르트와 칸트, 헤겔, 동시대의 니체와 마르크스, 후대의 칼 바르트를 위시한 신학자를 이해하는 열쇠이자 중추적인 인물이 바로 이 사람, 키르케고르이기 때문이다. 키르케고르라는 산에 등정해 보기를!

13장　의심한다는 것

데카르트의 「방법서설」 읽기

무조건 믿지 마세요

"믿지 마세요. 무턱대고 믿지 마세요. 모든 것을 의심해야 합니다. 특히 대학 교수들이 하는 말은 의심해야 합니다. 그것이 참된 지식을 얻는 길이랍니다. 그러니 교수들의 말을 의심하면서 들어야 합니다." 강연 후반부는 의심하라는 것, 특히 교수들의 말과 글, 책을 의심하라는 열변이 장식하였다. 다들 고개를 주억거리는 것을 보니, 그의 말을 철석같이 믿는 모양이다.

당연히 그러지 않겠는가. 강연자는 떠오르는 철학자요, 나름 유명 대학 교수니까 말이다. 좋은 강의라고 알려진 데다가 철학과 인문학에 관심 있는 대학생들이 주로 모였으니 이의를 제기할 턱이 없다. 대학에서 수업 들을 때 한 손 번쩍 들고 질문한 적도 드문 데다가, 손을 들기는커녕 그 손으로 받아 적기에 급급했으니 말이다. 토씨 하나 틀리지 않게 쓸수록 좋은 점수를 주는데, 받아 적는 게 당연하다.

한 학생이 조용히 손을 들었다. 탁월하고도 열정적인 강의에 경의를 표하면서 여쭌다.

"교수님, 교수들의 강의를 모두 의심하라고 하셨는데, 교수님도 교수님이니, 그렇다면 교수님의 이번 강의도, 그리고 의심하라는 말씀도 의심하면 되는 건지요?"

"……."

그 자리에서 손을 들고 질문한 학생이 내게 들려준 이야기다. 교수는 아무 말, 아무 대답 못하더니 말을 돌린다. 다른 대학 교수의 말은 의심해도, 자기 말은 의심하면 안 된다고 생각했을 것이고, 다른 말도 아니고 의심해도 된다는 자신의 말을 의심해서는 안 된다고 생각한 모양이다. 그런 의문 제기를 한 번도 들어본 적이 없었으니 저리 당혹해하는 거다. 아무도 그 교수의 말에 토를 달거나 의심한 적이 없었고, 반문도, 도전도 없었으니 여러 군데서 저리 말하였을 터. 뉘라서 언감생심 질문하며 반문할까.

나름 합리적이고 개혁적이라는 이들에게 종종 의심하라는 말을 듣는다. 나 역시 다르지 않다. 성경도 무턱대고 믿지 말고, '질문'을 던지고, '의문'을 표하고, 성경이 말하는 바를 궁구하고, 성경에서 들려오는 주의 음성에 귀를 기울이라고. 다만, 나는 모든 의심에는 전제되어야 할 조건이 있다고 말한다.

그것에 답하기 위해 한 사람을 호출한다. 의심을 학문의 제일 원리로 설정하고, 의심하는 법을 가르친 이가 있으니, 르네 데카르트 (René Descartes, 1596-1650)다. 그는 의심을 강권하는 이들의 정신적 조상이다. 그는 왜 그토록 의심하라고 했을까? 왜?

나는 나, 데카르트

데카르트는 중세를 마감하고 근대를 열어젖힌 철학자이자 수학자다. 성 아우구스티누스가 고대와 중세 사이에 끼어서 고대의 전통을 간직하면서도 중세 1,000년을 이어 갈 사상의 토대를 제공했듯이, 데카르트도 중, 근세의 한복판에 끼어 중세적 세계관에서 완전히 결별하지 못하면서도 지금까지, 그러니까 적어도 500년을 지속하는 새로운 세계관의 초석을 닦았다.

시대사적 전환을 준비하고 초래한 "*Cogito ergo sum*"(코기토 에르고 숨), 즉 "나는 생각한다, 고로 나는 존재한다"(I think therefore I am)라는 명제는 늦잠꾸러기가 침대에서 벌떡 일어나지 않고 꼼지락거리며, 이 생각 저 생각 하다가 나온 것이다. 종일 따뜻한 난롯불을 지핀 방에서 한가롭게 생각에 잠긴 끝에 나온 결론이다. 독서도 아니고, 여행이나 경험도 아니고, 오로지 사유에 의해 다다랐다.

철학자들은 농담처럼, 데카르트가 게으름을 좀 덜 피웠다면, 좀 더 일찍 일어나는 습관이 몸에 배었다면, 'Cogito'는 생겨나지 않았을 것이고, 근대는 시작하지 않았을 것이며, 그 자신도 일찍 죽지 않았을 것이라고 말한다. 저명한 철학자를 초청한 북유럽 스웨덴 왕국의 크리스티나 여왕은 그에게 이른 새벽에 강의를 요청했다. 추운 나라와 이른 시간이라는 것이 겹쳐 데카르트의 건강은 악화되었고, 그곳에서 죽음을 맞았다.

데카르트는 시와 웅변, 고전과 역사를 열심히 탐구했지만, 학교를 졸업하고 지도받지 않아도 될 나이가 되자 "글공부를 아예 집어치웠다"(14쪽). 당대의 풍습과 관행을 거부하는 반항아적 면모가 나타난다. 그리하여 나고 자란 고향과 고국을 떠나 이곳저곳을 여행하면서 경험을 통해 배우고자 하였다. 책상머리의 '책'이 아니라 '세계라는 책'을 읽기로 한 것이다. 그리고 그 무엇도 아닌 '나 자신을 연구하기로' 결심하였다. 익숙한 것과의 결별인 셈이다.

무엇이 그를 고국 프랑스를 떠나 유랑하게 했을까? 내적인 것과 외적인 것으로 구분할 수 있겠다. 그는 세상이라는 큰 책, 넓은 책을 읽고 싶었다. 학교에서 누구보다 열심히 공부했지만, 그것은 해체되고 몰락하고 있는 세계, 끝물에 이른 중세적 세계관의 산물일 뿐. 그러니까 그는 공부다운 공부를 하고 싶었다. 죽은 전통만 달달 외고, 일점일획도 의문은커녕 질문도 허용하지 않는 공부는 그의 가슴을 뛰게 하지 못했다.

그의 내면에서 치받아 오르는 학문에 대한 열정과 함께 그를 가만 있지 못하게 한 외적 요소는 뭘까? 게다가 어려서부터 어머니에게 물

려받은 약골이고, 건강이 안 좋은 탓에 학교에서 늦잠을 자고 등교해도 된다는 허락까지 받아 낸 그 몸으로 어떻게 유럽을 떠돌았을까?

그 물음의 답은 '전쟁'이다. 그가 22세 되던 1618년부터 장성하여 유럽 전역에 이름을 떨친 오십 줄의 중년이 될 때까지 서유럽을 휩쓴 30년 전쟁, 또는 종교 전쟁이라고 부르는 그 전쟁이다. 가톨릭과 개신교가 신앙의 자유를 인정할 것인지 여부를 두고 서로가 서로를 죽이는 전쟁을 벌인 것이다. 내부를 들여다보면, 정치적, 경제적 이해관계에 얽힌 복잡한 국제 전쟁이었다. 당시 민중의 처참함이란 이루 말할 수 없었다.

이 책 「방법서설」(Discours de La Methode, 문예출판사 역간)과 「성찰」(Meditationes de Prima Philosophia)은 그가 살아 낸 현실에 대해 일언반구도 하지 않는다. 말 그대로 아카데믹하기 그지없다. 학문하는 방법이며, 사고하는 규칙에 관한 추상적 논의뿐이다. 본시 철학은 현실과 동떨어진 것이 아니다. 현실을 깊이 들여다보고 추상적인 언어와 정밀한 체계를 수립해서 그렇지, 정확하게 현실을 반영한다. 아, 물론, 그 철학자가 해석한 세상이지만.

나는 데카르트 철학의 이면에 똬리를 틀고 앉은 것은 전쟁이었고, 그의 철학에는 전쟁 없는 세상에 대한 염원이 담겨 있다고 본다. 성인이 되어 죽기 몇 해 전까지 사람이 죽고 죽이는 일을 직업 삼고, 그것으로 돈을 벌어먹는 빌어먹을 세상에 대한 넌더리, 그리고 공포와 전율. 어찌하든지 이 악하고 더러운 세상을 종식하는데, 철학이 기여할 바를 찾으려고 사색하는 일에 용맹 정진했을 것이다.

왜 전쟁이 일어날까? 맹자라면, 의리가 아니라 이익을 추구하기 때문이라고 답하겠지만, 데카르트는 개인과 개인, 집단과 집단, 국가와 국가 사이의 이해 갈등과 대립은 근본적으로 양자가 합의 가능한 보편타당한 토대만 구축하면 어느 정도 해결된다고 보았다. 각자의 신앙에 따라 달리 해석하고 국가주의와 결탁한 맹목적인 믿음에 따라 전쟁을 불사하는 헌신으로는 분열을 부채질할 뿐이다.

그리하여 그의 결론은 "모두가 동의할 수밖에 없는 분명하고도 확실한 기초를 제시하고 그것을 따른다면, 참화는 줄어든다"는 것이다. 그것이 바로 수학이다. 그는 자신이 말한 하나님을 수학이라는 단어로 바꾸어 읽어도 무방하다고 했다. "추리의 확실함과 명증성"(13쪽) 때문이다. 예컨대 '1+1=2'임을 부정할 사람은 없다. 누구에게나 동일한 사실이자 진리다. 의심할 수 없는 객관적인 진리를 찾고, 흔들릴 수 없는 확고부동한 초석만 닦는다면 어디 그리 싸울 일이 있을까.

의심하는 법

바야흐로 때는 깊은 가을을 지나 겨울 초입이었다. 데카르트는 하루에 평균 열 시간을 잤다고 한다. 그런 그가 1618년 11월 10일, 늦은 밤부터 다음날 오전까지 늘 하던 대로 누워서 이 생각, 저 생각에 잠긴다. 실마리는 집 혹은 건축이었다. 이러저러한 재료로 구조를 설계하고 구성하며 탄생한 집은 안전하고 완전하다. 그런 건축물 같은 학문이 필요하다.

중세 1,000년을 지탱해 온 반석 같은 토대는 세월 따라 금이 가고 무너지기 직전이다. 그가 해야 할 일은 "이전 것은 지나갔으니 보라, 새 것이 왔다"라고 외칠 만한 어떤 것을 찾는 것이다. 그러자면 이전 것을 싹 밀어 버리는 작업이 선행되어야 한다. 그래서 그는 전통, 공동체, 관습 등을 하나하나 소환해서 그것들이 새로운 시작점이 될 수 없음을 논박한다.

그러다가 그는 문득 깨닫는다. 설사 신이라도 부정할 수 없는 하나의 사실이 있다는 것을. 무려 1,000년 동안 유지해 온 것들을 일일이 불러내서 비판하는 작업을 하는 자기 자신을 보게 된 것이다. 의심하고 있는 나, 또는 생각하고 있는 나. 다른 것은 다 부정해도 지금 자신이 생각한다는 것, 의심한다는 것은 부인할 수 없으며, 다름 아닌 '내'가 있어야 '생각/의심'을 한다는 것이다. 그렇게 그는 부정할 수 없는 확고부동한 새 토대 두 가지를 발견했다. '생각'과 '나'. 라틴어로 "*cogito ergo sum*"(코기토 에르고 숨, I think, therefore I am)이다. "나는 생각한다. 고로 나는 존재한다."

이는 물론 의심을 위한 의심은 아니다. '방법론적 회의'(methodological doubt)라고 한다. 의심 자체는 목적이 아니라 하나의 도구요 수단이다. 의심이라는 방법으로 모두가 합의 가능한 객관적이고도 보편적인 진리를 발견할 수 있다고 믿기 때문이다. 그러면 의심은 옛 세상을 끝장내고 새 세상을 열어 주었을까? 그 이전에 의심은 객관적이고 보편적일까?

아니라고 해야 한다. 그는 모든 것을 의심했다고 생각하지만, 의심한다는 것을 빼고는 모든 것을 의심해야 한다고 말하지만, 그가 의심하지 않은 것, 결코 의심할 수 없는 것이 수두룩하다. 무엇보다 언어를 의심할 수 없다. 하이데거(Martin Heidegger)가 말한 대로 언어란 존재의 집이다. 언어로 사유하는 것도 있지만 언어 자체가 사유다. 그래서 내가 어떤 언어를 사용하느냐에 따라 생각하는 바도 다르다.

예컨대, 데카르트가 사용하는 '주체'라는 단어는 영어로 'subject'다. 영어 사전에서 검색해 보라. '주제', '주어', '과목' 등의 뜻과 함께 타동사로 쓰일 때는 '복종/종속시키다'라는 뜻이 있다. 그러니까 주체란 곧 '타자를 복속시키는 자' 또는 '자기 의지를 타인에게 강제하는 자'를 말한다. 'object'는 또 어떤가. 명사형으로는 '사물', '목적'이고, 철학에서는 '대상', '객관', '객체'로 쓰인다. 자동사로는 '반대하다'라는 의미를 지닌다. 그러니까 나 아닌 남, 내가 아닌 너라는 대상은 애초부터 나랑 반대하고, 내가 반대해야 할 상대다. 그런 언어 체계를 가진 세계에서 자란 사람은 그 언어를 벗어나서 사고할 수 없다.

실제로 아프리카에서 온 철학도들은 데카르트를 이해하기 어렵다고 한다. 왜? 그들의 지능과 지식이 부족해서가 아니다. 그들의 공동체 중심 세계관으로 보자면, 이런 류의 개인주의적이고 파편화되고 원자화된 사고방식을 도무지 이해할 수 없는 것이다. 마치 아메리칸 인디언에게 기차를 부설하고 공장을 짓기 위해 땅을 팔라고 했더니, 어떻게 땅을 파느냐고, 대지에 깃든 조상들에게서 전해 오는 이야기와 숨결, 햇빛과 바람, 꽃들을 어떻게 사고 파느냐고 되묻는 식이다.

데카르트의 생각은 서양이라는 지역적 사고일 뿐이지, 지구상의 모든 사람에게 통용되는 것은 아니다. 자신에게 보편적인 것을 타인에게도 보편적인 것처럼, 누구도 의심할 수 없는 것으로 강요했다는 비판에서 자유롭지 못하다. 의심하는 자신은 의심할 수 없다고 했는데 의심했어야 했다, 데카르트는. 그는 무언가 믿는 구석 위에서 이전과는 다른 길을 열었다.

의심하려면

그럼 믿음과 의심은 어떤 관계일까? 믿는다는 것에서 의심은 어떤 역할을 차지할까? 두 가지를 말하고 싶다. 하나는 알아야 의심한다는 것, 다른 하나는 믿어야 의심한다는 것이다. 하나하나 살펴보자. 첫째, 알아야 의심한다는 것. 알지 못하면 질문도, 의문도 없다. 예를 들어 보자. 나에게 방탄소년단이나 빅뱅과 같은 아이돌에 대해 말해 보라고 한다면? 언론 기사를 비판적으로 읽고 의심해 봐야 한다면? 글쎄올시다. 그냥 멍할 것이다. 아는 게 있어야 말할 것이 있고 따질 것도 있지, 이건 숫제 백지장인데 뭘 의심한단 말인가.

이준익 감독의 영화 〈자산어보〉는 독서 또는 공부란 무엇인가를 진지하게 묻는 작품이다. 정조 대왕도 다산 정약용을 능가한다고 인정한 당대의 대가 '손암 정약전', 양반도 평민도 아닌 출신의 한계를 딛고 성공에 목마른 '창대'의 대화가 일품이다. 선생은 생각 없이 암기만 하는 조선의 교육을 질타하며, 생각하라고, 질문하라고 다그친다. 창대의 대답이 일품이다. "먼저 암기부터 하고요." 이제 글을 깨치고, 더듬더듬 읽는 그에게 언감생심 무슨 질문이며 의문이겠는가. 창대 완승, 약전 일패!

아는 자가 묻는 자이고, 알아야 의심도 하는 거다. 알지 못하는 것에 대해 무엇을 물을 거며, 무엇을 의심한단 말인가. 어불성설이다. 그러므로 지식과 이해가 질문과 의문에 선행한다. 이미 지식 습득과 전수가 어느 정도 완결된 손암 선생이야 생각 없이 외기만 하는 제자와 교육 방식이 한심해 보일는지 몰라도, 초보자에게는 정보가 쌓이지 않으면 당최 진도가 나가질 않는 법이다. 의심 이전에 암기가 먼저다. 앎이 의심에 선행한다.

둘째, 믿어야 의심한다. 믿는 자가 의심한다. 믿음이 지식에 선행한다. 초등학교 1학년 산수 시간에는 '1+1=2'라는 공식을 배운다. 사과나 연필 사진을 보여 주면서 하나에 하나를 더하면 둘이 된다고 설명한다. 어떻게 '1+1=2일까'라는 의문은 필요치 않다. 학교라는 권위, 교사의 권위, 교과서의 권위는 데카르트의 언어를 빌려 말하면, 의심할 수 없는 확고부동한 진리이자 수학적 진리를 알기 위한 보편적 토대다.

누군가에게 부산 시청 가는 길을 물었다고 생각해 보자. 지하철을 타거나 어떤 버스를 타야 할지 알려 줄 것이다. 또는 도보로 가는 길을 알려 줄 것이다. 스마트폰에 있는 지도 어플들도 마찬가지다. 그 정보와 정보를 알려 주는 이를 신뢰하지 않고 한없이 의심한다면, 확언컨대 한 발짝도 나아가지 못한다. 앞으로도 영원토록 가는 길을 묻고 있거나, 실패와 실수를 수차례 거쳐서 겨우 당도할 터. '잠정적으로나마' 신뢰하지 않고서는 어떤 일도, 지식도 생성되지 않는다.

어느 수학자나 과학자도 기존 지식과 텍스트, 교사와 교수의 권위와 지도를 따르지 않고 끝없이 의심했다면, 공부가 가능하지 않았을 것이다. 그 분야에 방대한 지식이 쌓였기에, 그리하여 어느 정도 실력을 인정받았기에 그가 하는 비판이나 의심이 들을 만한 것이다. 정약전은 당대의 학자이기에, 주자학의 세계에 능통했기에 의심이 가능한 것이지, 막 입문한 창대에게는 어울리지 않는 공부법인 게다. 의심은 믿음이라는 대양에 뜬 대륙이거나 큰 섬에 지나지 않는다.

그러나 의심은 믿음 안에 제자리가 있다. 성경은 의심을 정죄하지 않는다. 믿음의 반대말은 의심이 아니다. 불신앙도 아니다. 불순종이다. 따르지 않음, 행하지 않음을 신앙의 죄로 간주하지만, 의심을 적대시하지는 않는다. 때로 신앙에서 의심은 상당한 수준의 미덕으로 숭배된다. 바로 '의심 많은' 신자의 대명사인 도마 이야기다. 직접 만지고 눈으로 보아야 믿겠다던 그의 눈앞에 떡 하니 부활한 주님이 현현하셨다. 그때 그는 놀라운 말을 한다. "나의 주님, 나의 하나님!"(요 20:28, 새번역)

이 말은 요한복음에서 가장 높게 치는 고백이다. 마태복음에서 예수는 '왕', 마가복음에서는 '종', 누가복음에서는 '사람'이라면, 요한복음의 예수는 '하나님'이다. 그런데 요한복음 어디에도 예수를 하나님으로 고백한 이가 없다. 딱 한 사람, 도마뿐이다. 의심하던 이가 최고의 신앙 고백을 한다. 의심 그 자체는 문제가 아니다. 의심은 신앙으로 도약하는 디딤돌이다.

보지 않고 믿는 것, 의심하지 않고 믿는 것이 최고의 믿음이라지만, 어쩌면 그것은 인간에게 허락되지 않은 경지일지 모르겠다. 우리는 도마처럼 의심한다. 흔들린다. 불안하다. 허나, 그 의심 속에서, 불안을 안고 흔들리면서 믿음의 세계로 뛰어들고 나아간다. 그러므로 의심하라! 믿기에 의심하고, 의심하기에 믿는다.

함 께 읽 을 책

- 12장에서 소개한 키르케고르의 배경도 파악하고, 데카르트의 철학사적 위치도 조망할 수 있는 좋은 입문서가 있다. 강영안 교수의 「강 교수의 철학 이야기: 데카르트에서 칸트까지」(IVP 펴냄)다. 저자가 뛰어난 철학자이자 독실한 신자이기에 개신교인들이 편하게 읽을 수 있을 것이다.

- '의심'에 관한 글을 쓰기 위해 먼저 일차 텍스트를 고르는 작업을 해야 했다. 「방법서설」이 좋을까, 「성찰」이 좋을까? 의심이라는 주제로 놓고 보자면, 둘 다 중요한 텍스트이기 때문이다. 두 권을 비교 대조하면서 읽어 보면 폭넓은 지식을 쌓을 수 있을 것이다. 번역본으로는 두 권 모두 이현복 교수의 역본(문예출판사 역간)을 추천한다.

- 포스트모던을 어떻게 규정하든 간에, 그것이 겨냥하는 근대, 그것이 넘어서려는 철학은 바로 데카르트다. 포스트모던에 관한 철학서들을 보면, 하나같이 데카르트를 비판하지 않으면 안 되는 분위기다. 역설적으로 그만큼 중요하다는 뜻도 된다. 포스트모던 사상가이자 데카르트와 마찬가지로 프랑스 사람인 장-프랑수와 리오타르의 「포스트모던의 조건」(*La Condicion Postmoderna*)은 큰 이야기, 메타 내러티브에서 작은 이야기로의 전환을 촉구한다. 직접적인 데카르트 읽기와 비판은 아니지만, 문제 인식은 데카르트 넘어서기이자 다시 읽기라 하겠다. 민음사와 서광사에 각기 다른 번역자의 것이 출간되어 있으니 둘 중 하나를 고르면 되겠다.

14장 **희생한다는 것**

「심청전」 읽기

왜 그랬을까?

왜 그랬을까, 그때 나는. 통곡에 가까운 오열을 했으니까. 내 안의 저 밑바닥에서부터 마구 밀고 올라오는 불가항력적인 어떤 것이 눈물이 되었고, 그것이 내 안의 무언가를 심하게 건드렸나 보다. 승합차를 갓길에 주차하고, 시동을 끄고, 운전대를 붙잡고 어린아이처럼 엉엉 울었다.

예수 믿고 구원받은 감격에 겨워 울던 때나, 아버지를 살려 달라고, 낫게 해달라고 울며불며 기도한 중학교 2학년 시절이나, 대학 다닐 적에 불의한 사회 현실을 바라보며 분노에 찬 기도를 하거나 선교의 열정에 사로잡혀 뜨겁게 기도할 때를 제외하고 그리 울어 본 적이 있었나? 아무튼, 나는 뭐가 그리 서러웠던지, 엄마 잃은 아이처럼 펑펑 울었다.

그러고 보면, 바로 그때 내 삶은 험난한 편이 아니었다. 오히려 모처럼 안락한 시절을 보내고 있었다. 신혼 시절이었고, 아내는 내가 밖에서 점심을 먹으면 울기 직전의 표정으로 허락해 주는 통에 전임 사역자임에도 어떻게든 집으로 가서 식사하던 행복한 시절이었다. 지난 몇 년의 나와 견주면 복에 겨운 나날이었다. 나는 무슨 설움이 그리 많아 그리 울었던가?

심청전이었다. 판소리 말이다. 이야기의 절정인 '심봉사 눈 뜨는 대목.' 조상현 명창의 묵직하고도 걸쭉한 탁음으로 들었다. 그가 가장 좋아하는 부분이라는 사회자의 설명과 함께. 죽은 줄 알았던 딸이 살아 있지만 만나게 되어도 보지 못해 발을 동동 구르는 처량하고도 처연한 부녀의 상봉. 갑자기 눈을 뜨게 되니, 더없이 반갑고 기쁘다. 그런데 거기서 끝난 것이 아니었다. 그 자리에 있던 시각 장애인들을 위시해서 눈 감고 살던 천하의 사람들이 광명을 얻었다. 이번에 읽어 보니, 날짐승, 들짐승 중에 앞 못 보던 것들도 눈을 번쩍 뜬다. 그 대목에서 나는 왜 그다지도 울었을까?

옛날 옛날 황주 도화동에는

심청전 이야기는 더 말할 것이 없다. 심학규는 나름 명문가 집안 자제였으나 가세가 몰락한 데다가 스무 살 무렵에 시력을 잃는다. 다행히 아내로 맞이한 곽씨 부인은 현모양처의 현신이라 해도 되겠다. 낮밤 가리지 않고 남편 봉양하고, 삯바느질로 그나마 먹고사는 정도.

허나, 정답게 살아도 마흔인데 자식이 없으니, 조상님들 뵐 면목이 없다. 그리하여 두 사람은 천지신명께 빌고 빌어 마침내 딸을 낳는다. 그러나 해산한 지 겨우 칠 일 만에 아내는 산후열로 세상을 뜨고 만다. 망연자실한 심 봉사는 딸의 울음소리에 정신을 차리고 동네방네 다니며 젖동냥으로 청이를 키운다. 그렇게 자란 청이가 대여섯부터는 아비 손잡고 눈이 되어 길잡이하고, 열 살부터는 눈먼 아비 대신 밥을 빌어 온다. 마침내 운명의 나이, 열다섯 살이 된다.

하늘이 낸 효녀 소문을 들은 승상 부인의 부름과 꾐에도 양녀의 기회를 거절하고 뒤늦게 돌아오는데, 기다리다 못한 아버지는 딸을 찾아 나섰다가 물에 빠져 죽기 직전이다. 지나가던 몽운사 시주승이 건져 주고, 마침 절을 중건하는데 공양미 300석이면 부처님 자비로 눈을 뜬다는 말에 귀가 번쩍 뜨인 심 봉사는 덜컥 시주를 결정하고 만다.

부처님과 약속한 바를 실행할 능력은 없고, 그렇다고 이제 와서 맹세한 것을 철회하기도 어렵다. 크게 벌 받을 것을 두려워하는 아버지를 위해 심청이는 마침 인당수 제물이 될 열다섯 살 처녀를 찾는다는 소문을 듣고 뱃사람을 찾아간다. 공양미 300석은 물론이고, 아버지가 평생 먹고살 돈까지 약속받는다. 그 소식을 들은 승상 부인의 꾸짖음과 호소에도 청이는 결심을 꺾지 않는다.

끝내 청이는 아버지와 눈물의 이별을 하고, 인당수에 뛰어든다. 원래 구전 소설과 판소리에서는 청이가 뛰어들기를 주저하고, 남경 선인들이 마지못해 등을 떠미는 구도인데, 근대 판소리를 집대성한 신재효는 효녀답지 못해서 뺐다고 한다. 인당수에서 죽어 가는 청이는 용왕님의 도움으로 살아나 어머니도 만난다. 그러다 연꽃에 실려 떠다니는 것을 남경 선인들이 건져 내어 황제에게 바친다. 때마침 황후의 죽음으로 슬퍼하던 황제는 자태가 몹시 아름다운 청이와 결혼한다.

그 사이, 아버지는 홀로 지내기 적적하여 뺑덕어멈과 산다. 청이와 맞바꾼 돈을 다 거덜 내고, 황후가 시각 장애인을 위한 잔치를 연다는 소식을 듣고 상경한다. 그 와중에 더 빼먹을 것이 없다고 판단한 뺑덕어멈은 황 봉사랑 눈이 맞아 달아난다. 천신만고 끝에 잔치에 참여한 심 봉사는 사랑하는 딸과 재회하고 눈을 뜨면서 이야기는 끝이 난다.

판소리와 소설은 몇 가지 점에서 달랐다. 첫 번째는 '효'(孝)라는 주제를 강조하려고 검은 바닷속으로 뛰어들기 두려워 머뭇거리는 모습을 뺀 것이다. 죽음 앞에서, 거친 파도가 일렁이는 저 시커먼 바다 앞에서 무서워 떠는 인간적 모습을 차가운 이념으로 재단하는 것이 쓸

쓸하다. 효든, 그것이 무엇이든 우리의 자기희생적 삶은 일말의 주저함이나 머뭇거림 하나 없는 강철과 반석 같은 것이 아니다. 내면의 파도는 인당수보다 더 거세다. 그런 흔들림 속에서, 부대낌 속에서, 마침내 결단하고 자기 몸을 던지는 것이 더 영웅적이고 인간적이다.

두 번째는 눈을 뜨게 하는 힘에 관한 것이다. 소설과 대부분의 판소리에서는 심학규가 죽은 줄 알았던 딸을 보려는 간절함에 눈을 끔벅끔벅하다가 뜬다. 간혹, 용왕과 부처님 도술로 눈이 열렸다고 하는 것도 있다. 판소리 유파에 따라 용왕이 등장하기도 하고, 안 하기도 한다. 가련한 여인의 지극한 헌신에 감복한 초자연적 힘에 의한 구원으로 그릴 것인지, 아니면 하늘이 낸 효심이 뿜어내는 감동 감화력으로 설명할 것인지는 이야기를 전하는 이마다 해석이 다르다.

마지막으로는 소설에서는 심청이의 아버지만 광명 천지를 본다. 반면, 판소리에서는 그 잔치에 있던 맹인들뿐 아니라 이미 잔치를 파하고 돌아간 이들, 아직 당도하지 못한 이들도 모두 환한 세상을 본다. 단 한 사람만 빼고. 황성 궁궐로 잔치 가는 심 봉사를 내팽개치고 뺑덕어멈과 눈이 맞아 달아난 황 봉사만 암흑천지를 살아야 한다. 이 대목을 노래하는 명창도, 관객도 박장대소다. 고소하다 고소해.

'출천대효'로다

심청전의 주제는 누가 뭐래도 '효'다. 오매불망

14장. 희생한다는 것

앞 못 보는 아비의 눈을 뜨게 하려는 청이의 효성이 끝내 기적을 일으켰다. 자녀 된 도리로 아비의 소원이자 부처님과의 약속을 지키고, 행여라도 어기면 벌을 받을까 두려워하는 아비를 살리기 위해 자기 목숨마저 바친 궁극의 이유는 효심이다. 그 효심이 자신의 생명도 구하고, 아비의 눈도 뜨게 했다. 스스로 불효자식이라고 하지만, 해설자와 주변인들은 하나같이 '출천대효'(出天大孝)라고 입을 맞춘다.

그래서 그런가.「심청전」(구인환 엮음, 신원문화사 펴냄)을 읽은 로고스서원의 청소년 인문 학교 아이들의 표정이 그리 밝지 않다. 모두 부루퉁하다. 납득이 되지 않는다는 표정이다. 왜 심 봉사는 딸을 학대하듯 부려 먹는지, 남경 장사꾼들은 어찌 그리도 몹쓸 짓을 했는지. 게다가 심청이 역시 지나치고 과도한 효라서 참으로 효도라고 말하기 어렵다고 이구동성이다.

"자신에게 가난밖에 안겨 준 것 없는 아빠를 위해 목숨까지 내준 심청이가 대단하다. 그러나 심청이 불효녀 같다. 부모 먼저 두고 죽으려고 하다니. 부모는 자식을 가슴에 묻을 수도 없는데. 심 봉사는 자신의 눈이고 뭐고 청이가 가장 소중했을 텐데."

"정말 나는 심청이가 좋은 딸인지도 모르겠고, 심 봉사가 좋은 아버지인지도 모르겠다."

"과연 심청이를 효녀 심청이라 부를 수 있을까? 난 결코 청이가 효녀라고 인정할 수 없다. 부모 두고 먼저 죽는 자식이 가장 나쁜 자식이라고 할머니가 말씀하셨다. 어려서는 뱃사람들이 강제로 시켰다고 생각했는데, 원작을 읽어 보니 심청이가 나쁘게 보였다."

아이들 절대다수의 생각이다. 저런 방식의 효도는 지나치게 극단적이고, 아버지에 대한 사랑이 아니라는 것이다. 게다가 지혜롭지 못하다. 자신을 양녀로 삼으려 한 승상 부인에게 도움을 청하면 될 일인데도, 저런 어리숙한 방법을 선택했다고 질타한다. 순수하고 착한 사랑이지만, 어리석고 어리숙하다는 말이렷다.

청소년들의 반감은 현대 심리학의 연구와 맞닿아 있다. 부성으로부터 억압되고 내면화되었다든가, 이레 만에 죽고 떠난 어머니 곽씨 부인에 대한 염원과 갈망으로 어머니의 자리를 대신하려는 열망으로 읽기 등등. 나로서는 텍스트 속으로 비집고 들어가서 텍스트가 직접 말하게 하면서도 그 안에 잠복한 이데올로기를 들추어내야 효과적인 비판일진대, 텍스트와 상관없는 현대적 관점으로 텍스트를 마구 헤집는 인상을 받는다.

민속학에서는 효행 설화와 인신공희의 결합으로 읽는다. '인신공희'(人身供犧)란 자연 재해나 악신으로부터 구원받기 위해 인간을 희생 제물로 드리는 희생 제의다. 민속학자들에 따르면, 인신공희는 전 세계 곳곳에서 발견되지만, 효행 설화와 결부된 경우는 드물다. 대체로 사회적 약자나 소수자를 희생양 삼아 사회적 불안을 잠재우고 갈등을 해소하는 방식인데, 부모가 자식을 희생시켜서 조부모를 봉양한

다든가, 자녀가 자신을 희생해서 부모를 섬기는 이야기는 지극히 한국적이라는 말이다.

내가 죽어? vs. 네가 죽어?

성서 이야기에 경도된 탓일까. 나는 희생 이야기로 읽었다. 「심청전」은 첫째, 자발적인 자기희생으로 이루어지는 구원이다. 심청의 행동은 누군가가 시켜서 한 것일까? 청이는 외통수에 몰린 것 아닐까? 겉으로는 자발적이지만 톺아보면 비자발적인 요소가 많다. 먼저 환경적 요인이다. 청이의 의지와 무관하게 판은 돌아가는 중이다. 재건축 중인 절에 쌀 300석을 시주하면 부처님의 공력과 심 봉사의 공덕으로 눈을 뜬다는 시주승, 엉겁결에 약속하고는 딸 청이 앞에서 어떻게 감히 부처님과 약속을 어기겠느냐고, 그러면 더 큰 벌을 받는다고 울먹이는 아버지, 열다섯 살 처녀를 제물로 바쳐 바다의 위험에서 자신을 지키겠다는 남경 선인들.

다음은 심리적 요인이다. 심 봉사만이 아니라 주변 사람들은 입만 열면 죽은 곽씨 부인의 미담을 들먹인다. 태어난 지 칠 일 만에 겪은 어머니의 죽음이었다. 허나, 청이 입장에서는 씻을 수 없는 죄책감이 있지 않았을까? 자신 때문에 어머니가 죽었다는 스스로의 인식을 벗어나기 어려웠을 것이다.

내가 처음으로 담임 목회를 한 교회의 한 할머니는 종종 우셨다.

당신은 "아비 잡아먹은 년"이라는 소리를 듣고 자랐다고. 태어난 지 얼마 안 되어 아버지가 돌아가신 것이다. 이런 터무니없는 말이 또 있을까마는, 수십 년 전에는 이런 말을 쉽게 했다. 지금은 다를까? 청이는 더욱 그러지 않았을까? 죽은 어머니에 대한 그리움 이상으로 죄책감이 내면화되고 어머니를 대신해서 아버지를 돌봐야 한다는 책임감까지 더해지면서 자기 목숨도 내던지게 된 것은 아닐까?

허나, 청이는 자기 외부에서 강제된 현실에 맹목적으로 복종하지 않았다. 주체적으로 결단하였다. 가장 강력한 후견인 장 승상 부인의 나무람에 대해 다소곳하면서도 꿋꿋하게 자기의 의지를 밝힌다. 정출헌은 다음 세 가지로 정리한다. (1) 타인의 도움을 아무런 명분도 없이 넙죽 받을 수 없다. (2) 공양미란 무릇 정성일진대, 부인의 도움을 받아 간단히 해결하면 공양미를 바칠 의미가 없다. (3) 약속이 중할진대, 선인들과 한 약속도 허투루 어길 수 없다(「조선 최고의 예술 판소리」, 미래엔아이세움 펴냄, 108쪽).

자신에게 주어진 길을 외부적으로 강요당하는 듯 보이고, 운명에 빨려 들어가는 듯 보여도, 청이는 똑똑하게 말한다. "내가 선택한 거였어요"라고. 이 세상 어느 누가 자기 삶의 환경을 결정한단 말인가? 성별, 인종, 민족, 가족 등 모든 것이 나의 의지와 의사와 절대 무관하게 결정된 것들이다. 주어진 조건 안에서 자기 삶을 헤쳐 나갈 뿐. 끝 끝내 이 모든 것이 운명이었다고 남 탓만 할지, 그것 안에서 길을 열어 갈지.

주님도 그러셨다. 겟세마네 동산에서의 기도에서 보듯이, 할 수만 있다면 십자가를 거부하고 싶었지만 아버지 뜻에 순종하셨고, 그러지 않을 수 있음에도 십자가의 길을 걸으셨다. 그 길 안에서, 그 길 통해서 새로운 길을 열어젖혔다. 하도 부모 탓, 조상 탓 하니까 예언자 에스겔은 포도를 먹고 이가 시린 것은 먹은 당사자라고 일갈한다 (겔 18:2 참조). 낯선 이국 바벨론에서 포로살이, 유배지살이가 얼마나 팍팍하겠는가마는, 에스겔은 이 척박한 땅에서 '너는 네 삶의 주인으로 살라' 한다. 청이는 제 삶의 주인이다.

둘째, 타자의 구원을 위한 자기희생 이야기다. 착하디착한 효녀가 대국의 황후가 되었다. 그것은 희생에 대한 보상일까? 동화적 종결이다. 춘향전도, 흥부전도 각자만의 이유로 고통받은 약자가 승리하는 이야기다. 세상이 그리 녹록한가? 인당수 같은 세상을 매일매일 온몸으로 받아 내는 민초의 염원이 아닐까? 독일의 근대 철학자 포이어바흐가 말했듯이, 자기 투사일 수도 있다. 대리 만족일 수도 있고.

헌데, 나는 청이의 삶에 값하는 자리가 아니었을까 생각한다. '황후'라는 지위 말이다. 그의 헌신에 상응하는 보상이 아닐까. 그리고 그가 황후로서 주도적으로 제안하고 실행한 것이 전국의 맹인들을 위로하는 잔치라는 이름으로 아버지를 찾는 것이었다. 그들을 위로한다는 명분으로 그들을 이용해서 아버지를 찾는다고 속 좁게 타박할 수 있지만, 아버지 찾는 김에 잠시라도 평안을 주고 싶은 마음, 맹인이란 맹인을 보면 모두 아버지 같고 아버지가 보이고 생각나서 애달픈 심정으로 일으킨 잔치라고 통 크게 해석하면 어떨까.

나는 심청이가 황후 된 부분에서 그의 고귀하고 품격 있는 삶에 합당한 지위를 누리게 되었다고 생각한다. 자기를 희생해서 아버지와 만좌 맹인들의 시력을 회복시킨 청이의 삶은 모든 황제와 황후, 권력자와 부자가 응당 취해야 할 자세요, 태도가 아닌가.

마지막으로 자기희생을 통해 만민을 구원하는 이야기다. 앞서 말했듯이 충격에 가까운 감동은 심 봉사 한 사람만 눈을 뜬 것이 아니라는 점이다. 그들이 눈 뜨는 장면을 묘사하는 대목은 흐뭇하기도 하고, 해학이 넘친다. 아버지만이 아니라 그 자리에 있던 천하 맹인들, 그리고 이미 잔치를 파하고 돌아간 이들, 아직 당도하지 않은 이들도 자기를 위해 수발들던 이들의 얼굴을 본다. 한 사람의 희생으로 모든 사람이 구원을 받은 것이다.

그러나 여기에는 두 가지 차이가 있다. 하나는 모든 사람이 아니고 모든 맹인이라는 것, 다른 하나는 딱 한 사람만 눈을 뜨지 못했다는 것이다. 뺑덕어멈과 눈이 맞아 심 봉사를 내버려 두고 야반도주한 황 봉사 말이다. 이 대목에서 명창들은 신이 나고, 청중 사이에서는 큰 웃음과 함께 박수가 터져 나온다.

허나, 예수의 희생에는 누구 하나 제외되지 않는다. 종교적 죄인도, 도덕적 악인도, 심지어 철천지원수도 빠짐없이 구원받을 수 있다. 적어도 "저런 인간은 구원받지 못할 거야"라고 백이면 백 모든 사람이 단언한다 해도, 하나님 앞에서는, 하나님 안에서는 '사랑받는 죄인'이다.

C. S. 루이스의 『천국과 지옥의 이혼』(The Great Divorce, 홍성사 역간)은 천국에 들어갈 수 있음에도 그들 스스로 거절하는 사람들 이야기다. 도

합 일곱 명 중 딱 한 사람만 천국에 입장한다. 나머지 사람들은 저마다 다른 만큼 다른 이유로 천국을 거부한다. 그중 한 사람은 이렇게 말한다. "저 따위 인간이 천국에 있다고? 저런 몹쓸 놈이 구원받았다고? 그렇다면 나는 그런 천국을 거부하네. 그런 천국에서 살고 싶지 않아." 그 마음이 지옥이다. 누군가를 용서하지 못하는 것, 바로 그 자리가 지옥인 게다. 내가 거부하지 않는 한, 천국은 열려 있다.

가야 할 길

그때 나는 왜 그리도 심하게 울었나? 이따금 그 생각에 잠긴, 사후 해석이다. 늘 듣던 성경이 아니라 「심청전」을 통해서 복음 중의 복음인 십자가의 복음을 들었기 때문이리라. 익숙해지면 진부해지는 법. 동일한 내용도 구조와 순서와 배치를 달리하면 색달라진다. 좀체 안 쓰던 어휘를 사용해도 글맛이 확 달라진다. 자기를 희생해서 모든 사람을 구원한다는 이야기를 난데없이 「심청전」에서 들었으니 눈이 커진 것이리라. 게다가 「심청전」의 클라이맥스를 명창이 가장 좋아하는 대목으로 들었으니 감동이 배가된 모양이다.

뿐만 아니다. 날 위해 죽으신 예수의 십자가가 생각나서 울었다. 그리고 그분을 위해 자기희생적 삶을 흉내라도 내야 할 것 같은 부담이 몰려와서 슬펐다. 당시에는 몰랐지만, 나의 격한 울음 속에는 목회자로서 내 삶이 포개졌던 것은 아닐까. 예수가 좋아서, 하나님이

나의 아버지 되심이 좋아서, 아비를 상실한 마음을 꽉 채워 준 예수 그리스도의 복음을 따라 산다는 것은 한순간의 헌신으로도, 그리고 그다지 낭만적이지 않다. 그야말로 죽을 맛이다.

지금도 종종 나는 상반된 두 가지 말을 하곤 한다. 하나는 탄식이고, 하나는 탄성이다. '내가 왜 목사가 되었던가?' '내가 목사가 되지 않았다면?' 아비 잃고 몸부림치던 중학생이 예수가 미치도록 좋아서 목사가 되었지만, 그 길은 강단에서 폼 나게 설교하고, 하나님의 종님으로서 어깨에 힘주는 길이 아니었다.

사람을 사랑하는 일, 성도인데도 원수 같은 사람들, 그도 하나님의 형상으로, 하나님의 자녀로 사랑하는 법을 배우는 것이 목사이고, 모든 신자의 길이다. 사랑하는 사람을 사랑하는 것, 그저 보기만 해도 좋을 이들에게 반갑게 인사하는 것은 누구나 하지만, 미워 죽겠는데, 안 보면 좋겠는데, 그런 그/그녀를 위해 희생하라는 복음이 쓰라리고 씁쓸하다.

그래도 예수의 길을 걷도록 초대하신 그분의 사랑에 울고, 그 길을 가는 것이 힘들다고 그분 품에 안겨 운다. 예수 보고 싶어 끔벅. 내가 누구인지 알고 싶어 끔벅. 내 앞의 한 사람 보질 못해 끔벅. 이제 조금 보인다, 보여!

함께 읽을 책

- 심청전은 영상을 추천한다. 유튜브에서 "심봉사 눈 뜨는 대목"으로 검색하여 여러 명창의 목소리로 음미해 보길 권한다. 아주 약간씩 다른 버전들을 비교하는 재미도 있고, 마음을 건드리는 깊은 울림이 있다.

  1993년에 1,000만 관객을 동원해서 화제가 된 영화 〈서편제〉는 다시 봐도 감동, 감동이다. 심청전을 이야기하다가 서편제라니, 뜬금없이 무슨 소리인가 싶은가? 영화 마지막에 맹인이 된 누이 '송화'와, 판소리가 싫어서, 가난이 싫어서 도망간 동생 '동호'가 어느 허름한 시골 주막집에서 만나 '한'을 푼다. 여기서 임권택 감독은 길고 긴 심청전 전체 가운데 딱 두 대목을 집중 조명한다. 심청이 '인당수 빠지는 대목'과 '심봉사 눈 뜨는 대목'을 이어 붙인 것이다. 역시 명감독이고 명작이다. 배우들의 소리도, 카메라의 시선도 탁월하다.

- 「심청전」은 현대어로 읽기보다 고어체로 읽어야 제맛이다. 동서고금을 막론하고 본디 독서는 눈이 아니라 입으로 하는 행위다. 조용히 소리 내어 중얼중얼 읊조리는 것이 독서였다. 여러 이유가 있는데, 그중 하나가 귀로 듣기 위해서다. 하여, 낭송되고 음송과 암송을 할 수 있도록 기록되었다. 한자말이 많아서 어려운 것이 사실이지만, 「심청전·흥부전」(구인환 엮음, 신원문화사 펴냄)을 나지막하게 읊조리면 쫀득쫀득하다 입에 착착 달라붙는 것이 그야말로 맛나다. 내게 우리 고전을 소리 내어 읽는 맛과 멋을 알게 해준 책은 「춘향전」(민음사 펴냄)이었다. 아울러 같이 읽어 보면 어떨지?

- 고어체가 낯설고 어렵게 느껴진다면, 정출헌 교수가 고쳐 쓰고, 중간중간 해설까지 곁들인 「심청전: 어두운 눈을 뜨니 온 세상이 장관이라」(휴머니스트 펴냄)를 권한다. 오늘 우리 시각으로 보면, 납득하기 어려운 것들을 콕콕 짚어 주며 풍성하고 입체적으로 이해하도록 도와준다. 청소년용이어서 잘 읽힌다.

- '희생'이라는 하나의 키워드로 자신의 전 사상을 전개하는 이가 있으니 르네 지라르다. 서양에서는 십여 년 전부터 바울 읽기가 유행했다. 내로라하는 서구 이론가들이 바울을 통해 새로운 철학의 길을 모색하는 모습을 보면, '저들이 우리 기독교의 정수를 이제야 아는구나'라는 자부심보다는 우리 기독교가 일반 철학과 인문학의 영역에서 인문학의 언어로 기독교를 설명하지 못했다는 자괴감이 든다.

지라르는 비기독교인이었다가 문학 연구와 문화 인류학 연구를 통해 기독교 신앙에 도달한 대단한 사상가다. 그의 희생양 메커니즘은 한편으로 전가의 보도처럼 모든 것을 그 하나로 환원하는, 좀 과하다는 인상도 주지만, 다른 한편으로는 그래도 될 만큼 확장성이 높고 강력하다. 한 사회의 모순이 증폭되고 폭력이 난무하면, 희생양에게 모든 책임을 전가하여 갈등을 완화하고 그 희생양을 신격화한다는 것이 골자다. 그런 식으로 폭력을 은폐하는 것이 세계의 모든 신화에 숨어 있는 신화다. 그리고 이 모든 과정은 강자와 승리자의 시각으로 채색된다.

그런데 유일하게 기독교만이 희생자가 억울하게, 무고하게 폭력을 당한 것을 고발한다. 십자가의 예수를 보라. 또한 약자요 피해자의 목소리로 기록되고 증언된 것이 기독교다. 사실 모든 종교와 건국 신화는 하늘에서 내려오고, 알에서 태어나는 등 자신들이 얼마나 위대하고 대단한 존재인지를 과시한다. 그러나 기독교만이 약자와 소수자의 이야기로 시작한다. 아브라함이 그랬고, 애굽에서의 노예살이가 그랬고, 예수가 그러했다. 이전에는 기독교 변증가인 C. S. 루이스를 통해 기독교 신앙으로 귀의하는 이가 있었다면, 지금은 르네 지라르가 그 역할을 할 것이다. 그의 「희생양」(*Le Bouc emissaire*, 민음사 역간)은 완독할 가치가 있다.

15장 용서한다는 것

자크 데리다의 「용서하다」 읽기

용서, 그놈 참

참 지랄 같은 말이다. '용서', '용서하다'라는 단어 말이다. 아무리 논리적으로 파고들려고 해도 용서란 놈이 그걸 허용하지 않는다. 감정이 개입되고 환부가 드러난다. 얽히고설켜서 고르디우스의 매듭은 저리 가라다. 단칼에 벤다고 해결된다면 얼마나 좋으랴. 이건 논란의 종착지가 아니라 폭풍의 눈으로 들어가기, 숫제 섶을 지고 불에 뛰어들기다.

나는 언젠가 '용서'에 관한 책을 쓰려고 계획하고 있다. 이곳저곳에 단편으로 발표한 바도 있다. 저술에 성공한다면, 책 제목을 이렇게 잡으려 한다. "용서, 가장 하기 힘든 일, 가장 하기 싫은 일." 저 말은 용서가 녹록치 않은 일임을, 아니 차라리 불가능이라는 단어가 적절하리만치 끔찍한 일임을 의미한다. 반면, 저 말을 뒤집어 보면, '하지 않으면 안 되는 일'이라는 뜻이기도 하다. 안 되는 일을 해야 하고, 불가능한 일을 가능케 하고, 비현실을 현실화하라는 요구다.

그 힘든 말을 굳이 하는 것은 용서하기 싫은 이가 내게 있었고, 오로지 하나님의 은총의 힘으로 용서한 적이 있기 때문이다. 그날의 용서 경험이 없었다면, 나는 여태껏 복음을 이해하지 못했을 것이고, 분노와 복수의 감정에 사로잡혀 내 삶은 엉망이 되고 망가졌을 것이다. 십자가의 용서가 나를 살렸다.

하지만 용서는 아프다. 아리다. 누군가가 노래했듯이 "가슴이 멍들고 맘의 눈은 멀어도 다시 또 발길은 그 자리로", 내가 용서받은 십자가로 이끈다. 문제적 철학자의 세속적 용서의 복음을 통해서 우리 기독교의 용서를 짚어 볼까 한다.

데리다, 그 사람 참

자크 데리다(Jacques Derrida, 1930-2004)는 1990년대의 한국 사회에 급격히 유통되었다. 어디를 가나 '데리다'가 호명되는 통에 피할 도리가 없었다. 띄엄띄엄 읽던 차에, 박사 과정 중 한 세미나는 다른 어떤 책도 읽지 않고 그의 주요 작품인 「그라마톨로지」(*Da la* grammatologie, 민음사 역간)에 오롯이 바쳐졌다. 어려웠다. 두 가지 때문이었는데, 데리다가 집중적으로 공략하는 플라톤과, 특히 장 자크 루소에 대한 선이해가 부족해서였고, 또 하나는 그의 현란한 글 솜씨 때문이었다. 그것은 이 책, 「용서하다」(Rardonner, 이숲 역간)를 읽은 나의 책벗들이 공통으로 하는 말이기도 하다. 한 문장이 지나치게 길고, 쉴 새 없이 하이픈 안에, 괄호 안에 담긴 말들로 인해 독서가 방해된다. 그때 나도 그랬다.

세미나 중간쯤에 이르러서야 나는 확고하게 결심했다. '데리다를 읽지 않는다!' 겁도 없이 우리 당대 최고의 전위이자 칭송받는 학자를 박사 과정 학생이, 고작 한 권을 세밀하게 읽다가 내던지다니. 데리다가 아닌 나를 비웃는 손가락질이 여실히 느껴진다. 지금 돌아보면, 젊은 날의 싱그러운 패기였다. 그 이후의 궤적을 좇아서 부지런히 데리다를 읽었다면, 내 생각은 훨씬 넓어졌을 것이고, 나의 문장은 이처럼 딱딱하지 않았으리라.

당시 그를 '때려치운 이유'가 있었다. 데리다의 이름 앞에 언제나 따라붙는 수식어가 하나 있었으니, 바로 '해체'다. 해체라는 단어에서 나는 시체 해부의 냄새를 맡았고, 건물 해체의 먼지를 보았다. 서구 사상사의 기초와 전제를 폭파해 버리는 그의 과감함에 혀를 내둘렀다. 물론, 해체가 파괴는 아니다. 'deconstruction'이라는 영어 단어를 풀어 보면, 접두어 'de'는 뒤에 따라붙는 단어의 의미에서 '벗어남', '이탈함'을 말한다. '반대한다'는 뜻도 있다. 그러니까 기존의 구성과 구조(construction)를 파괴한다는 말이렸다.

나의 독후감은 이랬다. "아, 데리다는 파괴하고 해체할 무언가가 있구나!" 그에게는 치고받을 서구의 아버지 플라톤이 있었고, 씹고 까고 뒤집어엎을 프랑스인 루소가 있었다. 그렇다면 '한국인이자 기독교인인 내게 해체할 대상은 무얼까?'라는 의문에 이르자 절망에 빠졌다. 나는 아비 없는 자식이다. 동아시아의 전통을 해체하려면 한문으로 된 문서를 읽을 줄 알아야 하는데, 나는 한문으로부터 단절되었고, 그렇다고 영어와 독어, 헬라어와 라틴어로 기록된 서구 문헌을 읽을 능력도 부족하다. 겨우 영어로 더듬더듬 읽을 뿐. 그래서 데리다 읽기를 관두었다.

그랬던 이 파괴자에 대해 흉흉한 소문이 들려왔다. 그가 종교를 말한단다. 어떻게 부수고 세웠을까? 그것이 궁금했다. 결정적으로 나를 흔든 것은 「신앙과 지식, 세기와 용서」(Foi et savior suivi de le siècle et le pardon, 아카넷 역간)에 실린 대담 "세기와 용서"와 이 책, 「용서하다」이다. 아니, 용서라니?! 망치를 들고 다니며 온통 부서뜨리는 니체의 계보를 잇는 이 철학자가 기이하게도 용서를 주장한다는 것이 나를 끌어당겼다.

그러고 보니, 그가 말한 '해체'는 통상적으로 알고 있는 '해체'가 아니다. 'construction'을 'de'하자는 것을 넘어서 'de'해서 'construction' 하자는 말로도 읽힌다. 즉, 이전의 것을 파괴한 다음에 새롭게 구성하자는 뜻으로 읽을 수도 있다. 그러면 신은 죽었다고 외친 니체의 적자와 같던 데리다가 말하는 '종교', '용서'란 과연 뭘까?

종교라는 것

데리다는 용서에 관해 말하기 전에 종교가 무엇인지를 설명한다. 그는 종교를 '악'이라는 매우 분명한 현실과 연관 짓는다. 한마디로 종교란 악으로부터의 구원이다. 우리 시대가 '종교로부터의 회귀'라고 운운하지만, 결국 그것은 '구원에 관한 담론'일 수밖에 없다. 그 구원도 바로 악에서 출발하는 것이고.

나는 「하박국, 고통을 노래하다」에서 인생 최고의 물음, 단 하나의 질문이 있다면, 그것은 "왜 내게 고통이 있는가?"라고 역설한 바 있다. 악이라는 실재가 없다면, 고통이라는 주관적 현실이 없다면, 종교는 없거나 있다손 치더라도 지금과는 현격히 다른 모습일 것이다.

그러나 악에 대한 문제는 비단 종교만의 것이 아니다. 종교의 고유함이지만, 독점하지 못한다. 저 많고 많은 문학 작품이 인간의 구원을 말하지 않는가. 그렇다면 종교가 악에 대해 말한다는 것은 여타의 영역과는 어떤 차별이 있을까? 종교가 악과 고통에 대해 말할 것이 있다면, 다른 분야와 구별되는 출발 지점은 어디일까?

데리다의 대답을 읽는 순간, 나는 전율했다. 종교의 아포리아를 가장 잘 표현하는 것이 '계시'란다. "계시성(Offenbarkeit)은 계시(Offenbarung)보다 더 근원적이[다]"(「신앙과 지식, 세기와 용서」, 100쪽). '기독교적 계시'가 아니라 '계시'라고 말하는 것이 더 원초적이라는 것인데, 어쨌거나 데리다가 "계시"를 말할 줄이야. 자유주의 신학, 인간 중심의 신학에서 하나님 중심의 은총 신학의 기치를 올린 칼 바르트(Karl Barth)

의 일성이 '계시'가 아니던가?

계시는 이 세상 밖에서 이 세상 안으로 치고 들어오는 어떤 것이다. 이 세계와는 완전히 이질적이고 낯선 것, 그래서 그 갑작스러운 방문 앞에 우리는 현기증을 일으키고, 두려움과 떨림, 공포와 전율을 느낀다. 그래서 이사야처럼 "화로다 나여"(사 6:5)를 부르짖거나, 베드로처럼 "나를 떠나소서"(눅 5:8)라고 외친다.

초자연적인 것은 자연적인 인간으로서는 다다를 수 없는 영토인데, 그 불가능의 세계가 우리에게 다가온다. 우리가 불가능하다고, 하기 싫다고, 하기 어렵다고 밀쳐 둔 것을 과감히 시도해 보라고. 이 세속의 철학자가 강대상 위의 설교자마냥 강력하게 선포한다.

용서라는 그 불가능한 것

데리다가 말한 해체는 부정과 파괴가 아니라고 했다. 비록 겉으로는 그렇게 보여도. 권위 있게 주어진 것을 '다르게 읽기', '뒤집어 읽기'이다. 그렇기에 그에게는 언제나 대화 파트너가 있다. 꼼꼼하게 읽고, 그가 말한 것 안에서 그를 뒤집어 버린다. 그렇게 함으로써 그를 파묻는 것이 아니라 되살려 내는 작업을 한다.

이번에도 마찬가지다. 데리다는 선행 작업에 딴지를 건다. 러시아계 유대인 블라디미르 장켈레비치(Vladimir Jankélévitch)다. 그는 초기작인 『용서』(Le pardon)에서 무조건적 용서를 주장했다. 용서란 본시 이유가 없는 것, 어떤 대가를 기대하는 것이 아니다. 심지어 가해자의 진심 어린 사과도 필요치 않다. 때문에, 그것은 형법의 논리와 배치된다. 죄지은 자에게 오로지 벌만 주어진다면, 그것은 용서가 아닐 것이다.

그것이 1967년에 출간된 책에서의 주장이었다면, 1971년에 발표한 논문 "우리는 그들을 용서해야 하는가?"에서는 이전 입장을 뒤엎는다. 그의 이 한마디는 강력하다. "용서는 죽음의 수용소에서 죽었다"(22쪽). 그는 왜 종전의 주장을 철회했을까? 두 가지 이유 때문이다. 하나는 잘못을 인정하고 용서를 청하지도 않은 자를 용서해서는 안 된다는 것이다. 다른 하나는 나치의 유대인 학살의 특이성이다. 나치는 특정한 이유 없이 그저 유대인이라는 이유 하나만으로, 고통을 주기 위한 목적으로, 존재할 권리 자체를 원천 박탈하는 최악의 범죄이자 완전한 의미에서의 악을 자행하였다. 이러한 죄는 용서할 수도, 용서받을 수도 없다.

나는 장켈레비치의 상호모순적인 주장을 십분 이해한다. 나 개인의 문제로 국한해서 말하면, 용서해야만 한다는 생각, 용서하고픈 의지가 내 일부를 차지한다. 또한 그런 못된 작자에게 용서가 가당키나 하냐는, 죄에 대한 합당한 심판과 징벌을 요구하는 분노가 있다. 나는 둘 사이에서 갈팡질팡하지만, 장켈레비치는 전자에서 후자로 확고히 전환한다.

데리다의 출발점은 바로 이곳이다. 장켈레비치의 이율배반적인 주장의 틈새를 파고든다. 용서의 무조건성에서 조건적인 용서로의 이행 자체에서 자신의 주장을 개진한다. 그의 말이다. "불-가능을 실현하고 용서-불가능한 일을 용서하라는 요구를 받았을 때만 용서는 '의미'를 획득할 수 있고 용서의 '가능성'을 찾을 수 있습니다"(34쪽). 용서가 죽었다고 말하는 바로 그 지점에 진정한 용서가 시작된다고 말한다. 불가능하기에 용서는 용서다. 가능한 용서는 용서가 아니라고.

잘못을 인정하고 용서를 구할 때만 용서가 발생한다면, 그것은 물건을 사고파는 거래 관계일 뿐이다. 나는 다음 문장을 읽고 경건한 신자의 고백이거나 고대 영성가의 글이라는 착란을 일으킬 만큼 감동하였다.

> 누군가가 스스로 저지른 잘못을 고백하고, 그 잘못을 바로잡아 변상하고자 하고, 용서를 빌려고 그 잘못에서 벗어나려 할 때만 그를 용서한다면, 이런 용서는 용서의 본질을 변질시키는 어떤 계산적인 논리에 휘둘리게 됩니다(81쪽).

저 문장에 합당한 한 단어가 우리 기독교에는 있다. 바로 '은혜'다. 자크 엘륄(Jacques Ellul)은 「하나님이냐 돈이냐」(*L'homme et l'argent*, 대장간 역간, 124-125쪽)에서 은혜와 매매를 대립시킨 바 있다. 돈이란 매매의 세계다. '기브 앤 테이크'(give and take)의 논리가 엄격히 지배한다. 반면 은혜란 '거저 줌'의 논리다. 까닭 없이, 그가 누구인지, 어떻게 살았든지, 지금 어디에서 살며 거머쥔 것이 얼마인지와 무관하게 베풀어지는 것이 은혜다. 거저 줌의 세계는 매매의 세계를 무력화하고, 매매의 법칙이 가진 권력을 무위로 돌린다.

여기 은혜의 법칙을 말하면서도 종내는 매매의 논리를 따라 말한 철학자가 있다. '용서'가 한 개인의 치유적 효과만이 아니라 하나의 정치 행위라는 것, 인간의 조건 자체를 회복하는 능력을 지니고 있다는 것을 각인시킨 한나 아렌트다. "인간사의 영역에서 용서의 역할을 발견한 사람은 나사렛 예수"(『인간의 조건』, 한길사 역간, 303쪽)라고 말한다. 아렌트는 자연과 인간의 필연적 조건, 곧 한 번 지나가면 다시 오지 못하는 것들, 그리하여 과거로부터, 타자로부터 받은 상처에 영원히 얽매이지 않고 자유를 획득할 수 있는 길은 용서라고 단언한다. 용서야말로 인간을 자유롭게 하며, 나 자신을 타인에게로 환원시키지 않는다. 언제까지나 과거의 나로 축소되지 않는 열린 내가 가능하다.

그러나 아렌트는 용서가 모두를 자유롭게 한다고 말하면서도 여전히 처벌과 보복의 정당성을 옹호한다는 점에서 미래로 나아가는 용서의 힘을 제한한다(42쪽). 왜 그런가? 용서받을 만한 것은 용서하고, 용서할 수 없는 것은 처벌받아야 한다면, 그건 용서일까? 그렇다면 용서받지 못할 죄는 언제까지나 용서받지 못하리라. 문제는 모든 사람은 자신이 받은 피해로 인해 용서하기를 거절한다는 점이다. 용서를 청하지 않아서 용서할 수 없다면, 이 세상에서 용서란 과연 존재할 수 있을까?

그렇다면 자신의 주장과 달리 회복하는 힘으로서의 용서는 공염불에 지나지 않는다. 처벌받아 마땅한 죄를, 보복하려는 의지를 담대하게 단념하는 바로 그 지점에서 사람은 자유로워지며, 과거의 특정한 잘못으로 되돌아가지도, 그 잘못을 되풀이하지도 않을 것이다.

주의할 점은 데리다가 조건 없는 용서라는 이름으로 조건적 용서를 배척하지는 않는다는 것이다. 불가능은 언제나 가능과 함께 있다. 가능한 것이 있기에 불가능이 있고, 가능성의 세계에 살면서 불가능한 것을 꿈꾼다. 어느 하나가 없으면 다른 하나도 없다. 무조건적 용서 없는 조건적 용서는 맹목이고, 조건적 용서 없는 무조건적 용서는 공허하다. 둘은 분리될 수 없으며, 서로가 서로에게 환원되지 않는 이질성을 언제나 가지고 있어야 한다.

그런데도 은혜의 세계를 역설하는 것은 불가능한 용서만이 악, 악인, 괴물과 맞서는 유일한 방법이기 때문이다. 인간을 비인간화하는 괴물과의 싸움(46쪽)은 괴물의 존재 방식과는 다른 것이어야 한다. 괴물의 방식으로 괴물과 투쟁하는 것은 그 자신이 괴물이 되는 첩경이다. 비즈니스적 관계로 사람을 물건화하는 세계를 그 자체로 해체하는 유일한 길은 거저 받았으니 거저 주는 것, 이유 없이 용서받았듯이 이유 없이 용서하는 그것뿐.

나는 데리다가 '권력 없는 용서'를 말하는 대목이 신학적으로 놀라운 통찰이었다고 본다. 그는 용서에 관한 인터뷰 말미에서 용서라는 이름에 합당한 용서는 "권력 없는 용서, 즉 무조건적이지만 주권 없는 용서"(『신앙과 지식, 세기와 용서』, 262쪽)라고 했다. 권력과 주권이 없다는 것은 무슨 말인가? 용서하면서 타인에 대한 주권을 행사하지 않는다는 것이다. 즉 내가 '너를 용서했다'라는 주어와 주체가 되는 순간, 용서받아야 할 타자, 객체에 대한 지배권을 암묵적으로 행사하기 때문이다. 용서를 빌미로 상대방은 나의 노예가 된다.

데리다의 말을 신학적으로 풀어 보면 이렇다. 신약에 나타난 기독교 신앙을 한 문장으로 압축하면, "예수만이 주님이시다!"라는 것이다. 내 인생에서 예수 외에 다른 무언가가 지배력을 가진다면, 그것의 적절한 이름은 '우상'이다. 사영리의 그림처럼 내 마음의 왕좌에서 예수를 끌어내리고 내가 그 자리를 차지하는 꼴이다.

우리는 예수의 이름으로 기도하고, 예수의 이름으로 용서한다. 용서받은 자로서 용서한다. 용서할 것인가, 말 것인가의 결정권을 내가 소유하는 것, 그것은 우리가 그간 인식하지 못한 우상적 용서다. 자기 숭배의 변형이고 신앙의 변질이다. 용서는 십자가에서 이미 주어진 것, 우리는 그것을 받은 대로 돌려줄 뿐, 소유하지도 지배하지도 않는다.

용서, 그것 참!

데리다의 용서를 읽으면서 그가 용서에 대한 대중적 이해의 한계를 꼬집는 대목은 통쾌했다. 용서의 본질과 의미를 극한의 지점까지 밀어붙여서, 불가능하기에 용서이고 무조건적인 용서만이 진실한 용서라는 말은 세속적 버전의 기독교 복음으로 받아들여졌다. 유구한 전통을 해체하는 작업에 몰두한 그에게서 선물과 정의, 환대와 용서에 관한 대담한 논리를 읽게 되다니. 초기의 데리다가 맞는지 갸우뚱할 지경이었다.

그래서 그의 용서론은 객관적인 '신'이라는 용어로 명명했을 뿐, 기실 '예수'에 다름 아니었다. 무조건적 용서에 예수의 십자가를 기입해 넣으면 단박에 이해가 된다. 그러나 그에게는 예수라는 특정한 한 인물, 십자가라는 특별한 한 사건이라는 실체가 없기에 데리다의 모든 생각은 그저 꿈일 수밖에 없다.

용서를 주제로 한 인터뷰에서 그의 마지막 말은 '꿈'이다(『신앙과 지식, 세기와 용서』, 262쪽). 무조건적 용서에 대한 꿈 말이다. 불가능하기에 꿈이고, '사유를 위한' 것이기에 꿈이다. 현실을 변혁하는 꿈이기도 하지만, 현실로부터 추상되었기에 그저 꿈일 수밖에 없다. 꿈이라도 꾸는 것이 어디겠냐마는, 꿈이 가리키는 실재가 없다면, 꿈이 현실과 연동되어 있지 않다면, 그것이야말로 한낮의 꿈.

반면, 기독교는 용서의 현장이 있고, 실재가 있다. 십자가다. 우리는 십자가에서 용서받지 못할 죄인을 용서하시는 하나님을 본다. 자기 아들을 십자가에 못 박아 죽이고도, 하나님인 분을 무엄하게 십자가에 매달고도 희희낙락하며 자기 죄를 알지 못하는 인간을 영겁의 징벌로 복수하기는커녕 도리어 제 아들과 딸로 입양하시는, 절대 이해 불가한 하나님의 은총을 안다.

그것은 단지 지식에 그치지 않고, 예수에게서 끝나지 않는다. 스데반과 바울로 이어지는 구름같이 허다한 증인들이 있다. 그 대열의 끄트머리에 나도 있다. 그날 밤, 그를 용서하면서 말이다. 그러니까 데리다와 달리 우리에게는 용서를 말하는 출발점, 생생한 실재가 있다. 그래서 우리에게 용서는 꿈이 아니라 실재이고, 불가능이지만 가능이고, 당위이자 현실이다.

또한, 데리다가 하나 놓친 것이 있다. '용서한다'와 '용서받는다'는 다른 층위라는 것이다. 내가 용서하는 것과 그가 용서받는 것은 별개의 사안이다. 가해자의 인정과 사과 없이도 용서하기는 가능하다. 그러면 어떻게 해야 그도 용서받은 걸까?

우리는 예수 그리스도의 십자가로 말미암아 인류의 모든 죄가 사함받았다고 고백한다. 그렇다면 모든 사람이 구원받았는가? 십자가 보혈의 공로와 능력이 미치지 않는 곳은 없고, 용서 못할 것도 없다. 부름받은 자 많건만, 대답하는 이, 구원받은 이는 적다고 했다. 용서하기는 무조건적이지만, 용서받기는 조건적이기 때문이다. 우리의 회개와 상관없이 하나님은 십자가에서 용서하셨지만, 십자가의 강도처럼 회개라는 반응이 있을 때 그 용서는 나의 것이 되는 법이다.

사실, 장켈레비치가 절대적으로 용서할 수 없는 죄가 있다고 말한 것은 '정의'의 차원 때문이다. 응당한 정의가 실현되지 않은 채, 영화 〈밀양〉의 학원 원장처럼 고통에 빠진 당사자와 무관하게 하나님과의 단독 관계 안에서 용서받았다며, 그래서 만면에 미소를 띠고 감사하다고 말할 때, 그때 용서는 죽었다. 용서받지 못할 죄가 용서를 죽이는 것이 아니고, 정의가 없는 용서가 용서를 죽이는 살인범이다.

이것을 조금 확장하면 용서는 정의를 폐기하지 않고 완성한다. "내가 정의를 폐하러 온 줄로 생각하지 말라. 나는 용서를 통해 정의를 완성하러 왔다." 어디에서 용서와 정의가 일치하는 것을 보는가. 바로 십자가다. 인간의 죄가 용서받을 수 없기에 하나님의 정의는 예수 그리스도에게 심판을 수행한다. 인간의 죄는 용서받아야 하기에 하나님의 사랑은 예수 그리스도 안에서 구원을 행사하신다.

'희망의 신학'을 말한 위르겐 몰트만(Jürgen Moltmann)은 희망의 출처가 다름 아닌 '십자가에 달리신 하나님'이라고 말한다. 우리 시대에 가장 적절한 신학, 어느 시대나 누구에게나 은혜가 되는 복음은 십자가이고, 용서의 복음이다. 데리다가 꿈만 꾼 광기 어린 용서, 그 미친 사랑을 우리는 실제 삶으로 살아 낸다. 그것이 그와 우리의 차이다. 그래, 지랄 같은 용서가 답이다. 벼락같은 은총인 용서가 참이다.

함께 읽을 책

- '용서'라는 주제를 다룬 빼어난 소설과 영화가 있다. 이청준의 단편 〈벌레 이야기〉와 이창동 감독의 영화 〈밀양〉이다. 〈밀양〉은 소설 〈벌레 이야기〉를 영화화한 것이다. 그러나 두 작품의 분위기는 사뭇 다르다. 이청준의 것이 비관적이고 어둡다면, 이창동의 것은 그나마 덜 비관적이고 조용하며 은밀한 태양이 반짝거린다. 무엇보다 소설가는 어머니의 비극적인 죽음을 그린다면, 영화는 구원의 희망을 슬쩍 비춘다.

  하지만 두 작품 모두, 그리고 특히 내가 좋아하는 소설가 이청준은 기독교의 용서를 심각하게 오해하고 있다. 자세한 내용이 궁금하다면, 나의 유튜브 채널 "로고스서원"에서 "용서한다는 것(벌레 이야기)"를 찾아보기 바란다.

  오해의 소지를 무릅쓰고 주된 내용을 압축하여 각 인물별로 말하자면, 살인범은 하나님이 아니라 고통당한 피해자에게 먼저 사죄해야 했다. 그는 피해자에게 용서받기 전에는 하나님에게 용서받을 수 없다. 용서란 무릇 용서받을 자의 어떠함과 상관없는 것임에도, 알암이 엄마(소설의 등장인물. 영화에서는 '신애')는 용서의 주권을 자신이 소유함으로 비극적 결말로 나아간다. 용서의 주권이 왜 하나님에게 있는지를 새삼 되새기게 된다.

- 우리나라에서 용서를 논할 때 저 두 작품을 빼놓을 수 없다면, 서구적 맥락에서는 시몬 비젠탈의 「모든 용서는 아름다운가: 용서받을 자격과 용서할 권리에 대하여」(The Sunflower, 뜨인돌 역간)를 빼놓을 수 없다. 이전 판 제목은 「해바라기」였다. 시대 배경은 2차 세계 대전, 비젠탈은 숨을 거두기 직전의 나치 장교에게 자신의 죄를 사해 달라는 부탁을 받는다. 그는 상부의 명령으로 유대인을 죽일 수밖에 없었노라고 고백한다. 장교는 그들의 눈동자를, 불타는 집 안에서 아이를 꼭 안고 있던 어미를 잊을 수 없다. 그래서 유대인을 대신하여, 유대인을 대표하여 그에게 용서를 구한 것이다.

  비젠탈은 아무 말 없이 일어선다. 그리고 그때 일을 회상하며 자신이 한 행동이 옳았는지를 세계 여러 나라의 석학들에게 편지로 묻는다. "당신이라면 어떻게 할 건가요? 내 행동은 옳은 건가요?" 이 물음에 54명이 답장을 보내왔다. 비젠탈은 그를 용서해야 했을까? 누가? 무슨 자격으로? 용서에 관한 온갖 문제를 씨름하게 할 이 책은 나에게도 묻는다. 당신이라면 용서하겠는가? 용서한다면, 왜? 용서하지 못한다면, 왜? 응답하라!

- 강남순 교수의 「용서에 대하여」(동녘 펴냄)는 데리다의 '용서론'을 잘 설명하면서, 그것이 지닌 다차원성을 풀어낸다. 데리다의 글은 난해하기도 하거니와 내용도 소략해서 그 행간을 읽어 내기가 만만치 않다. 데리다 읽기에 큰 도움을 얻을 수 있다.

다음으로 소개하고픈 책은 미로슬라브 볼프의 「배제와 포용」(Exclusion and Embrace, IVP 역간)이다. 저자는 희망의 신학자이자, 자신의 신학적 스승인 위르겐 몰트만이 던진 질문으로 책을 시작한다. 용서를 말하는 저자에게 스승은 "체트니크를 용서할 수 있는가"라고 묻는다. 체트니크(Cetnik)는 저자의 동족인 크로아티아인을 잔인하게 학살한 세르비아 민병대다.

그 질문에 대한 긴 답변이 바로 이 책이다. 추상적 맥락에서는 용서가 아름다울지 몰라도, 실제 상황과 만나면 치가 떨린다. 볼프는 동족의 아픔을 곱씹으며, 철학적인 좌우파 사이를 넘나들고 씨름하면서 왜 서로가 서로를 미워하고 차별과 배제를 일삼는지, 진정한 환대와 포용이란 무엇인지를 설명한다. '용서'라는 주제에 집중하고자 한다면, 동 저자의 「베풂과 용서」(Free of Charge, 복있는사람 역간)를 권한다.

그리고 내 책 「하박국, 고통을 노래하다」의 13장 "어떻게 용서하란 말입니까?"와 「내 안의 야곱 DNA」의 8장 "하나님의 얼굴: 원수의 얼굴 vs. 하나님의 얼굴"은 이 주제의 연장선에 자리한다. 그 글을 읽는 당신이 용서한다면, 그대의 얼굴은 필시 하나님의 얼굴이리라.

저자 후기

우리는 위기의 한복판에 서 있다. 위기가 오기 전에 경고하는 것이 예언자의 운명이고, 위기가 어느 정도 진정되면 희망을 노래하는 것이 예언자의 소명이다. 위기 한복판에서, 산더미처럼 휘몰아치는 위기 상황에서 한 걸음 물러나 성찰하였다. '왜 이 위기가 닥쳤는가? 왜 하나님은 그토록 사랑하는 당신의 백성을 이다지도 혹독한 시련의 시궁창에 처박으셨는가?' 묻고 또 물었다.

어디 예언자만 그러한가. 중세 천 년의 체제가 해체되고 몰락하는 시점, 새로운 시대는 오지 않고 옛것이 강고하게 똬리를 틀고 있는 시대에 종교 개혁자들은 근원을 파고들었다. 개혁자들의 구호는 '*Ad fontes!*'(근원으로) 그들에게 근원은 성경과 성 아우구스티누스였다.

경전과 고전을 읽으면서 그들은 자기 시대를 해석하고, 변혁했다. 그 기준점을 제공한 것이 고전이었다. 그들은 읽었고, 읽은 대로, 책에 쓰인 대로 세상을 바꾸었다.

그래서 나는 칼 바르트의 말을 살짝 비틀어 본다. 그는 "한 손에는 성경을, 다른 한 손에는 신문을"이라고 했다. 성경의 세계와 오늘 우리의 세계 중 어느 하나에도 눈을 떼지 않고 동시에 바라보아야, 둘 사이를 중단 없이 오가는 여정 속에서라야 그리스도인답게 살 수 있다고 그는 생각했다. 그의 말은 지금도 유효하다.

하지만 우리네 실정에서는 신문보다 '책'이어야 한다. 유튜브와 넷플릭스, SNS(페이스북, 트위터, 인스타그램 등)는 우리에게 사물과 세계를 깊이 있게 바라보는 시선과 객관적인 정보를 주기보다 우리 자신의 기존 관념을 더 강화하고 있다. 확증 편향이 날로 심화하면서 자신과 견해가 다른 사람들과의 대화는 단절되고, 그들에게 적대적인 태도를 보인다. 전도자의 말대로 생각하기에 더 합당한 매체는 책이다. 그렇기에 우리의 구호는 이것이다. "한 손에는 경전을, 다른 한 손에는 고전을." 또는 "한 손에는 성경을, 다른 한 손에는 책을!" 고로, "양 손에 책을!"

지혜자는 우리에게 언제까지나 성공과 번영만 있지는 않다고 경고한다. 그렇다고 언제까지나 곤핍하고 황무한 시기만 펼쳐지는 것도 아니라고 다독인다(전 7:14). 좋은 날은 기뻐하고, 힘든 날은 한발 물러서서 곰곰이 따져 보는 시간을 가지라 한다. 다양한 성찰의 방식이 있을진대, 옛 사람들의 오래된 생각에서 위기를 돌파하는 길을 찾을 수 있다. 물론, 지혜자는 책의 한계를 매우 잘 안다(전 12:12). 끝도 없고 피곤하다. 삶의 현장에서 책과 말은 얼마나 무력한가.

그러나 그는 책이 지닌 힘도 아주 잘 알고 있다. "전도자는 기쁨을 주는 말을 찾으려고 힘썼으며, 참되게 사는 길을 가르치는 말을 찾으면 그것을 바르게 적어 놓았다"(전 12:10, 새번역). 그래서 책과 글의 한계를 책에 또박또박 글로 남겨 두었다. 전도자에 비견할 수 없겠으나, 최선을 다해 썼다. 참되게 산다는 것, 참으로 믿는다는 것에 관해 숙고하면서 썼다. 이 책이 자그마한 기쁨이 되었으면 한다.

누군가는 정색하고 반문할 것이다. 무릇 고전을 읽는다 함은 원전을 원어로 읽어야 하는 게 아니냐고. 그 말에 어떤 이의도, 토도 달지 못한다. 맞다, 맞아. "번역은 반역"이라는 말처럼 번역되면서 상실되고 왜곡되고 엉뚱하게 해석되는 것은 불가피하다. 하지만 우리 독자들에게는 정통적 의미의 인문학(humanity)이나 고전(classic)보다는 '교양'(liberal arts)에 가깝다. '대중 인문학'이라 해도 되고, '시민 교양'이라는 단어도 어울린다. 그러므로 원어가 아닌 번역된 인문학과 고전적 텍스트를 최대한 많이 읽는 것이 좋다. 편하게 읽고 즐기면 될 일이다.

교회성장연구소에서 발간하는 〈교회성장〉에 2019년 한 해 동안 총 11회 연재한 글이 이 책의 모태가 되었다. 그중 여덟 장은 상당한 수정을 가했고, 2장, 12장, 13장, 14장은 새로 썼다. 연재를 제안해 주시고, 마감일을 겨우 맞추는 글을 기다리고 수정하느라 고생한 이영미 기자와 잡지사에 감사한다. 서문인 "읽는다는 것, 그 사랑의 만남"은 월간 〈목회와 신학〉 2021년 4월호에 실린 글이다. 감사하게도 이 책의 서문으로 사용하는 것을 허락해 주었다.

저자 후기

　로고스서원 글쓰기 학교 졸업자인 네 분의 목사님이 저자의 생각과 독자의 시선으로 정성을 다해 이 글들을 교정해 주었다. 거의 딸기 바다를 방불케 할 정도로 빨갛게 표시해서 보내 주었다. 문장만이 아니다. 날카로운 비판과 함께 보태고 빼야 할 것도 일러 주었다. 김기형 목사, 이상준 목사, 최병유 목사, 황신연 목사에게 진심 어린 감사 인사를 보낸다. 만일 글이 편하게 읽힌다면, 네 분의 수고 덕분이다.

　받잡기 과분한 추천사를 써 주신 여섯 분에게 감사 인사를 빼놓을 수 없다. 바쁜 일정 속에서 시간을 내어 추천사를 써 주셨다. 김진혁 교수님, 백소영 교수님, 손성찬 목사님, 정한욱 원장님, 조영헌 교수님, 천종호 판사님. "감사합니다." 출판계의 어려운 사정에도 이 책의 출간을 결정해 준 죠이북스와 손창남 대표님에게도 감사드린다. 「예배, 인생 최고의 가치」와 「내 안의 야곱 DNA」를 편집한 신현정 편집장이 이 책도 맡아 주어 얼마나 든든하고 안심이 되던지. "또 부탁합니다."

　그리고 내게 인문학의 힘을, 독서와 글쓰기의 저력을 실제로 경험하게 해준 청소년 회복 센터 아이들도 고맙다. 같이 책 읽고 글 쓰고 토론하는 시간이 매우 즐겁다. 피해자로 자라 가해자가 된, 아프고 아린 위기 청소년들에게 자신의 온몸과 삶을 던지는 센터장님들, 사회에서 버리고 기억하기 싫어하는 위기 청소년들을 위해서 아무도 생각하지 못하고 나설 엄두조차 내지 못한 새로운 길을 개척하고 계신 천종호 판사님으로 인해 '희망의 인문학 이야기'가 가능하다. "감사하고 감사합니다."

책만 쓰려 드는 나를, 자꾸만 학문적 방향으로만 내달리고 싶은 나를, 천천히 가도록, 사람을 사랑하고 돌보도록 각인시키는 곳이 있다. 내 발목을 잡는 것이 아니라 내가 발 딛고 서 있게 해주는 곳, 바로 로고스교회와 가족이다. 교회는 말과 글로, 학자와 저자로 사는 것을 자랑하고 사랑하고 응원해 준다. 고마운 성도들이다. 무엇보다도 아내와 아들과 딸의 사랑이 있어서, 그리고 사랑에 서툰 나를 그저 사랑해 주는 가족이 있어서 내가 있다.

곤고한 날에 생각하기 위해 이 책을 집어 든 독자들에게 감사와 함께 몇 가지 당부를 드린다. 첫째, 이 책은 순서대로 읽지 않아도 된다. 편집자의 손길로 각 장이 이어지도록 매만졌지만, 각 장의 제목을 보고 마음 가는 대로, 눈길 가는 대로 아무거나 골라 읽어도 무방하다. 둘째, "함께 읽을 책"은 챙겨 보면 좋겠다. 공부든, 일이든, 독서든, 고구마 줄기 캐는 것과 같다. 내 손에 잡힌 대로 끌어당기면 딸려 나오는 고구마처럼, 이 책이 그런 줄기가 되고 마중물이 되면 좋겠다.

셋째는, 이 책은 이 책으로 읽어 달라는 것이다. 이 책에 소개된 고전을 읽지 않아서 어렵다는 반응이 예상되기 때문이다. 이것은 책 읽는 법과 관련된다. 예를 들어, 키르케고르의 책을 읽는다고 해보자. 그를 이해하려면 철학사적으로는 헤겔을 어느 정도 알아야 한다. 헤겔은 칸트를, 칸트는 흄과 데카르트를, 데카르트는 중세 철학을. 이런 식으로 올라가면 한도, 끝도 없다. 그래서 키르케고르의 눈으로 헤겔을 읽으면 된다. 그렇게 헤겔을 읽어 보면, 다른 것이 보일 것이다. 그러므로 나의 글은 나의 글로 읽어 주고, 나중에 고전을 직접 읽

저자 후기

으면서 비교, 평가해 보길 바란다.

마지막으로 삼삼오오 모여 이 책으로 독서 토론을 해보면 어떨까. 독서의 참 맛은 '홀로'가 아니라 '함께'에 있다. 내가 읽지 못한 것을 서로에게 배우고 나 또한 남들이 보지 못한 것을 나누는 모임은 책 한 권을 몇 번 읽은 효과를 누리게 한다. 그리고 바라고 바라기는, 이 책이 성찰하고 숙고하는 데 실마리가 되기를, 그리고 더 나아가 실제 번역된 고전을 읽고 더 깊고 그윽한 맛에 취해 보기를.

나의 바벨론 강가, 부산에서
김기현

곤고한 날에는 생각하라

초판 발행	2021년 9월 5일
초판 3쇄	2023년 5월 20일
지은이	김기현
발행인	손창남
발행처	(주)죠이북스(등록 2022. 12. 27. 제2022-000070호)
주소	02576 서울시 동대문구 왕산로19바길 33, 1층
전화	(02) 925-0451 (대표 전화)
	(02) 929-3655 (영업팀)
팩스	(02) 923-3016
인쇄소	송현문화
판권소유	(주)죠이북스
ISBN	979-11-982861-4-7 03230

책값은 뒤표지에 있습니다.
잘못된 도서는 교환하여 드립니다.
이 책 내용을 허락 없이 옮겨 사용할 수 없습니다.